영국 귀족의 영애

Daughters of the British Aristocracy

무라카미 리코 지음 문성호 옮김

목차

제6장 귀족 부인의 의무

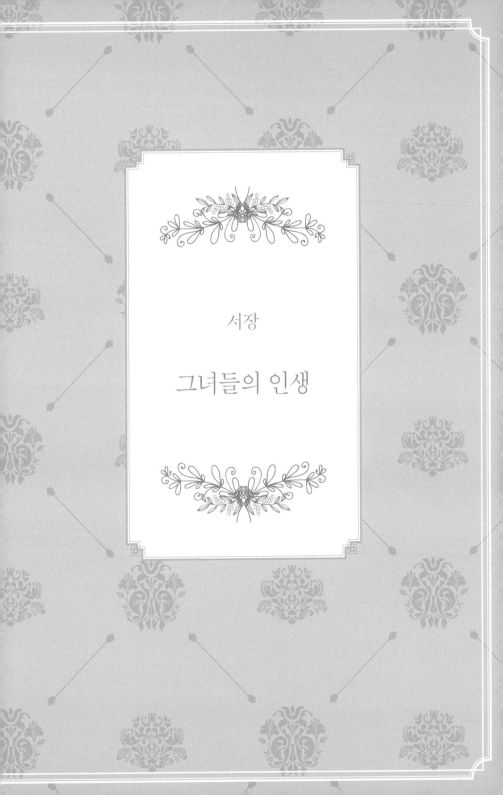

서장

그녀들의 인생

✿ 존 싱어 서전트(John Singer Sargent) 「윈덤 자매」 1899년. 초대 레콘필드 남작의 손녀들. 마들린(왼쪽·1869~1941)은 케임브리지셔(Cambridgeshire)의 지주 아딘 씨와 1888년에, 파멜라 (가운데·1871~1928)는 후에 남작이 되는 에드워드 테넌트와 1895년에 결혼. 사별 후에는 자작과 재혼했다. 메어리(1862~1937)의 딸은 훗날의 작가 신시아 애스카스(Cynthia Asquith).

2011년 『영국 메이드의 일상(원제 図説 英国メイドの日常)』, 2012년에 『영국 집사의 일상(원제 図説 英国執事)』을 간행했다. 이 책은 그 뒤를 잇는 제3탄이다.

빅토리아 시대나 에드워드 시대에 '영국 귀족의 영애'들은, 대체 어떤 삶을 보냈을까. 딸로서, 아내로서, 어머니로서, 어떤 마음으로 매일을 보낸 것일까. 귀찮은 잡무는 메이드나 집사에게 떠넘기고, 시대물 영화에서 볼 수 있는 화려한 드레스를 입고 우아하게 홍차를 마시고 있었을까. 아니면 서전트의 초상화처럼 나른한 표정으로 미동도 하지 않고 앉아만 있었을까.

공작 가문 중 하나인 그로브너 일족에서 태어나 에드워드 7세 시대의 사교계에서 활동했던 작가 수잔 트위즈뮤어(Susan Tweedsmuir, 1882~1977)는, 회상록에 이런 내용을 썼다.

🌸 조지 엘가 힉스(George Elgar Hicks) 「집을 옮기다」 1862년. 빅토리아 시대 중기의 유복한 상층 중류 계급의 신부.

세실 비튼이 디자인한 영화 「마이 페어 레이디(My Fair Lady, 1964)」의 패션을 만끽한 현대의 젊은 사람들은, 우리가 당시 항상 그런 차림을 했다고 상상하겠죠. 확실히 가끔 애스코트 경마장이나 무도회 회장에서는 그랬을지도 모릅니다. 하지만 사실은 평소 복장은 누덕누덕한 기운 곳 투성이었고, 낡은 옷에 의미 없는 장식을 잔뜩 더해 덮어 숨긴 것 같은 물건이었어요.

(『에드워드 시대의 숙녀』 1966년)

물론 같은 드레스는 두 번 다시 입지 않는 사치의 극에 달한 생활을 실제로 하는 레이디도 있었을 것이다. 하지만 소수의 상류 계급

✿ 호레스 W 니콜스(Horace Walter Nicholls) 촬영 「애스코트의 패션」 연대 불명. 아마도 에드워드 7세 시대.

🌸 앙리 제르벡스(Henri Gervex) 「파칸 상점에서, 오후 5시」 1906년. 당시 패셔너블했던 파리의 드레스 상점의 모습.

에 속하는 인간들만으로 굳어진 사교계에서만 볼 수 있는 사적인 얼굴이나, 가족이나 집안의 하인들만이 아는 비밀, 두꺼운 문의 한참 안쪽에서 벌어지는 일상생활도 있었을 것이다.

이 책에서는 100년 정도 옛날의 영국, 전원의 대저택과 런던의 타운하우스에 살던 귀족과 지주 여성들의 생활을 밝혀가려 한다.

소녀는 어른이 되고, 사교계에 데뷔하고, 결혼하고, 아니면 미혼인 채로 나이를 먹고, 아이를 갖고, 때로는 바람을 피거나 당하기도 하며, 남편과의 이별이나 사별을 경험하고, 이윽고 '감시역'으로서 딸과 조카들을 지켜보는 것이 역할이 된다. 그녀들의 인생을 대략적인 라이프 스테이지의 흐름에 따라 살펴보자.

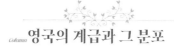

Column 영국의 계급과 그 분포

영국은 계급 사회라고들 한다. 시대에 따라 정의나 경계선은 달라지지만, 계급의 존재 자체는 현재에 이르기까지 지속되고 있다. 19세기 빅토리아 시대는 상류·중류·노동자 계급 등 3개의 계급으로 나누는 것이 일반적이다.

상류 계급은 귀족과 지주가 있다. 토지를 빌려주고 얻는 수입과 금리로 노동하지 않고 생활하는 것이 원칙이었다. 전통적으로 정치나

❀ 멋진 개와 메이드와 도련님. 19세기 말의 카드형 사진. 메이드는 당시 일하는 여성의 최대 다수를 점유하고 있었으며, 사회적 지위를 나타내는 지표 중 하나였다.

✿ 솔로몬 J 솔로몬 「단란화(비공식 그룹 초상화)」 1884년. 여성의 피아노를 배경음악 삼아 명함형 사진을 바라보는 유복한 중류 계급의 한때.

사법, 군의 상층부, 식민지 운영 등 나라의 상층부에서 중요한 지위를 점유해왔다. 이 책은 여기에 소속된 집안의 여성들을 주로 다룰 것이다.

　중류 계급은 비즈니스로 생계를 이어가는 사람들이다. 수입원이나 배경은 굉장히 폭넓다. 성직자, 법정 변호사, 해군이나 육군 사관, 내과의 등 전통적으로 고상한 직업으로 취급되던 전문직과, 은행가나 기업가로 거액의 부를 축적한 사람들은 '상층 중류 계급', 하급 사무원과 상점주인 등은 '하층 중류 계급'으로 분류된다. 그들은 고상하고 지

❀ 대량의 사냥개로 여우를 몰아 죽이는 여우 사냥은, 광대한 영지, 말과 개의 유지비, 인건비를 지불할 수 있는 상류 계급의 특권이었다.

적이며 근면한 생활을 원하는, 빅토리아 시대 특유의 가치관을 담당했다.

노동자 계급은 이름 그대로, 육체노동으로 대가를 받는 사람들이다. 가사 하인은 여기에 소속된다.

R 더들리 백스터(Robert Dudley Baxter)는 1875년의 영국의 연 수입별 인구를 추계했다. 그 결과에 의하면, 연 수입 73파운드 이하를 노동자 계급, 73~1000파운드를 중류 계급, 연 수입 1000파운드 이상을

19세기 빅토리아 시대의 전형적인 수입 예

직종	연 수입(파운드)
굉장히 유복한 귀족	30000
그 외의 귀족, 유복한 무역상, 은행가, 공장주	10000
가장 소규모 지주, 일부 성직자, 내과의, 법정 변호사, 기업가	1000~2000
대부분의 중류 계급: 의사, 법정 변호사, 사무 변호사, 공무원, 상급 사무직	300~800
하층 중류 계급: 사무직, 교장, 저널리스트, 상점주, 엄청나게 숙련된 기계공, 장인	150~300
숙련 노동자: 가구장인, 식자공, 목수, 철도 운전사, 상급 부인복 재봉사	75~100
반숙련 노동자 및 공장이나 상점의 숙련된 평균적 여성 노동자	50~75
뱃사람, 철두 부설 작업원, 항만 노동자, 일부 가사 하인	45
농업 노동자, 병사, 타이피스트	25
최저 랭크의 상점 점원, 가사 하인, 바느질하는 여자재봉사	12~25

샐리 미첼 「빅토리아 시대의 일상생활」(1996년)에서 인용

상류 계급으로 보았으며, 전체에서 각각이 점유하는 비율은 노동자 계급이 79.89%, 중류 계급이 19.69%, 상류 계급이 0.42%였다(R 더들리 백스터 『국민소득』 1868년). 즉, 노동자 계급이 실제로 8할 가까운 숫자를 점유하며, 이 책의 주역인 상류 사람들은 0.5% 이하의 극히 한정된 엘리트였다.

제1장

영국 귀족과
계승 제도

🌸 귀족이란 누구를 말하는가?

이 책의 제목은 『영국 귀족의 영애』이다. 하지만 애초에 귀족이란 누구이며, 무엇인가. 본 주제에 들어가기 전에, 귀족의 작위와 계승 제도에 대해, 그 속에서의 여성의 위치에 대해 간단히 정리해두고자 한다.

영국에서 귀족은 공작(Duke), 후작(Marquess), 백작(Count), 자작(Viscount), 남작(Baron) 등 5가지 위계로 구별된다. 그 기원은 11세기 노르만 왕조 시대, 국왕에게 토지를 하사받은 지방의 유력자들이 '소환장'에 의해 왕의 자문 회의에 참가한 것에서 시작된다.

남작과 백작은 일찍부터 존재했지만, 시간이 지남에 따라 15세기까지는 5개의 작위 위계가 확립되었다. 12세기경 자문 회의는 '의회(팔러먼트, Parliament)'가 되었으며, 귀족이 중심인 '귀족원(상원의원, House of Lords)'과 선거에 의해 의원이 선정되는 '서민원(하원의원, House of commons)'의 2원제를 형성하게 된다.

시간이 지나면서 작위의 수여는 소환장이 아니라, 세밀한 계승 규정으로 이루어진 '특허장(Letters patent)'으로 이루어지게 되었다. 5개의 작위를 지닌 '귀족(Peer)'은 자동적으로 귀족원의 의석을 점유했으며, 엘리트 집단의 일원으로 국사를 좌우해왔다.

5개의 칭호를 지닌 귀족 아래에는 '준남작(Baronet)'과 '나이트(Knight)'가 있으며, 전자는 세습, 후자는 1대에 한정된 칭호로 귀족원의 의석은 없었고, 엄밀하게는 귀족에 포함되지 않는다.

존 싱어 서전트 「말버러 집안」 1904~5년.
공작 부부와 아들 두 사람을 그린 집단 초상화.

🌸 작위의 계승과 여성 귀족의 칭호

귀족의 당주가 죽으면, 계승자가 작위를 이어받게 된다. 계승의 규정은 각각 개별적으로 정해져 있으며, 마음에 드는 상대를 지명해 계승하게 하는 것은 불가능하다. 대부분의 경우는 남성만 계승이 인정되었으며, 장남부터 순서대로 남성 쪽 친족을 따라가게 되어 있다. 여성은 보통 계승이 인정되지 않았으며, 여성 쪽을 통한 계승, 즉 귀족의 딸과 서민 남자가 결혼해 남자아이가 태어났을 때 작위를 이어받는 이런 상황도 특별한 경우를 제외하고는 불가능했다. 해당자가

🌸 귀족원 · 서민원 양쪽을 수용하는 영국 국회 의사당의 외관. 너무나도 유명한 시계탑의 통칭은 '빅 벤(Big Ben)'이며, 현재의 정식 명칭은 '엘리자베스 타워(Elizabeth Tower)'.

✤ 의회의 개회를 선언하는 젊은 시절의 빅토리아 여왕. 이 의식은 현재도 계속
되고 있다.

아무도 없다면 그 작위는 소멸된다.

　특별한 경우, 즉 여성이 직접 작위를 보유하거나, 또는 계승하는
것이 가능한 예외는 몇 가지 있다. 먼저 잉글랜드에서는 잉글랜드
창설 시기의 오래된 소환장에 의한 남작 작위나 백작 작위는 여성의
계승과 여성 쪽을 통한 계승이 가능하다. 두 번째는 하사받은 시점

에서 특허장에 '특별계승권(Special remainder)'이 주어져 있어 계승이 가능한 경우. 그리고 오래된 스코틀랜드의 작위 중에도 여성이 계승 가능한 것이 있다.

　여기서 말한 첫 번째 예, 소환장에 의한 잉글랜드의 오래된 남작 작위에서, 아들이 없고 딸이 여럿인 경우에는 조금 성가신 사태가 벌어진다. 여성의 경우는 남성과 달리, 장녀부터 순서대로 한 명씩 계승하게 되지 않는다. 동등한 권리를 각각 부여받아 '공동계승자'

❀ 의회용 로브를 입고, 귀족원 개회의 의식을 기다리는 귀족과 그 부인들. '런던의 사교 캘린더' 1910년대.

🏵 귀족원의 새로운 멤버가 소개받는 모습. 조지 R 심스(George Robert Sims) 엮음 『런던 생활』 1902년.

로 취급되며, 그 작위는 아무도 호칭으로 사용할 수 없는 '휴지 상태 (Abeyance)'가 된다. 시간이 지나 계승자가 하나로 줄어들면 휴지 상태가 종료되지만, 대부분의 경우 공동계승자였던 자매의 자손은 시대가 지날수록 점점 늘어나기 때문에 보통 자연스럽게 해소되지는 않는다.

밸런타인 헤이우드 『영국의 칭호』(1951년)에는 327년이나 휴지 상태였다가 1921년 계승이 이루어진 스트렌지 남작 작위와, 440년이나 휴지된 후 1903년에 계승된 포콘버그 남작 작위 등의 예를 들고 있다. 권리가 있는 자가 국왕에게 신청한 후, 절차를 밟으면 계승이 가능해진다.

오래된 가문인 상위 귀족은 복수의 작위를 동시에 갖고 있는 것이

🏵 허레이쇼 허버트 키치너(1850~1916). 보어 전쟁(Boer War)에서 사령관을 맡았다. 연인인 허마이오니 베이커를 1885년에 장티푸스로 잃고, 평생 독신으로 자식도 가지지 않았다. 제1차 세계대전에서는 육군대신. 그를 기용한 병사 징집 포스터는 잘 알려져 있다. '브리튼이여, (키치너 경은) 널 필요로 한다' 1914년.

보통이었다. 하지만 각각의 작위의 계승 조건이 일정하지 않았기 때문에, 다음 대에서는 하나하나의 작위의 행선지가 달라지거나, 일부는 소멸하고 일부는 살아남는 등의 사태도 일어났다.

예를 들어 육군의 영웅으로 잘 알려진 허레이쇼 허버트 키치너(Horatio Herbert Kitchener)는 평생 결혼하지 않고 자식도 없었다. 남작, 자작, 백작의 작위를 여럿 하사받았으나, 첫 번째 남작 작위는 통상

특허장이었기에 계승자가 없어 소멸하게 되었다. 하지만 그 이외의 작위는 전부 수여 시점에서 '이 사람의 정당한 아들, 그렇지 않으면 딸, 그렇지 않으면 이 사람의 형이나 동생을 계승자로 한다'라는 특별 계승권이 부가되어 있었기 때문에, 형에게 넘어갔다. 이 경우의 특별 규정은 당사자에게만 적용되며, 초대 키치너 백작이 얻은 작위는 2011년에 전부 소멸했다. 만약 여자의 계승이 가능했다면, 제3대 백작의 조카 엠마 키치너가 여성 백작이 되었을 것이다. 이때 엠마의 남편 줄리안 펠로즈는 불복 코멘트를 표명했다. 여담이지만, 이

✿ 귀족원은 2009년 최고 재판소가 창설될 때까지 최고 재판소 기능을 지니고 있었다. 중죄를 지은 귀족이 상류에서 같은 귀족에게 심판을 받는 모습.

🌸 템스강에 인접한 국회 의사당의 테라스 카페. 신사숙녀들이 모여든다. 1902년.

줄리안 펠로는 20세기 초의 귀족의 계승 문제를 다룬 영국 시대극 드라마 「다운튼 애비(Downton Abbey)」(2010~2015년)의 원안과 각본에 참여했으며, 자신도 귀족원에서 활동하는 일대귀족의 남작이다. 아내와 친구를 상담 상대로 두고, 백작 저택에 사는 사람의 세계를 정밀하고 향수 넘치게 묘사해 인기를 모았으나, 그 작품에는 이러한 배경이 있는 모양이다.

앞서 말한 대로, 여성 본인이 작위를 유지하는 경우는 굉장히 드물었다. 예를 들어, 1880년에는 580명의 세습 귀족이 있었는데, 그중 '스스로의 권리로 작위를 지닌 여성 귀족(Peerage in her own right)'은 겨우 7명이었다고 한다.

❀ 회원제 클럽 '리폼 클럽'에서 총선거의 결과를 기다리는 자유당을 지지하는 신사들. 1902년.

세습 귀족은 귀족원에 의석을 점유할 수 있었지만, 20세기 중반이 될 때까지도 여성은 자신의 작위가 있어도 의원이 될 수 없었다. 1919년, 애스터 자작 부인 낸시(Nancy Astor)는 '여성으로서 처음으로 국회의원으로 등원'하지만, 그녀는 귀족원이 아니라 서민원의 의원이다. 낸시의 남편 월돌프 애스터(Waldorf Astor)가 먼저 서민원 의원으로 활동하고 있었으나, 부친이 돌아가시면서 자작의 작위를 이어받았을 때 자동적으로 귀족원으로 옮길 수밖에 없었다. 그렇기에 공백이 된 남편의 선거 구역에 아내 낸시가 입후보해 당선되었다.

귀족 부친이 세상을 떠나 작위를 물려받거나, 아니면 공적을 세워 작위를 부여받으면 가고 싶지 않다 해도 귀족원으로 옮겨야만 하며,

🌸 조셉 내쉬(Joseph Nash)의 그림으로 보는 1858년 서민원의 내부. 붉은 선이 그어진 바닥에는 서류가 흩어져 있어서 논의 상황을 전해준다.

서민원에서의 국회의원으로서의 커리어를 잃게 된다—이런 상황은 옛날 귀족 가문에서 태어난 정치가에게는 자신으로서는 도저히 어떻게 할 수 없는 운명 같은 것이었다.

　낸시 애스터의 남편, 즉 제2대 애스터 자작이 된 월돌프는 유복한 미국인이던 부친이 아무런 상담도 없이 작위를 얻은 일이 자신의 정치가로서의 활동을 좌우하게 되어, 격노했다고 한다. 이러한 문제는 20세기가 된 후 드디어 해소되었다. 자작의 아들이던 노동당의 정치가 토니 벤(Tony Benn)이 역시 부친의 사망과 함께 작위를 계승하고 서민원을 떠날 수밖에 없게 된 사태에 처하고, '1963년 귀족법'을 성립시킨다. 이때 귀족의 작위를 반납하는 것이 가능해졌다. 즉 그때까지는 일단 부여받은 작위는 스스로 버릴 수가 없었던 것이다.

여성 귀족의원 얘기로 돌아가자. 1958년의 '일대귀족법'으로 인해, 레이디 아이린 커즌(Irene Curzon)을 시작으로 한 여성 일대 귀족(Life Peer)도 상원에 등원하는 것이 가능해졌다. 일대귀족이란 다음 세대로 계승하는 것이 불가능한 칭호로, 정치, 관직, 군직 등에서 공적을 세워 은퇴한 후에 주어지는 경우가 많았다. 예를 들어 전 수상인 마가렛 대처(Margaret Thatcher)가 일대귀족인 남작 작위를 수여받아 여성 남작(Baroness) 대처라 불린 것은 잘 알려져 있다. 레이디 아이린의 경우는 자선 활동 공적을 인정받아 작위를 받았다.

그런데 이 레이디 아이린 커즌은 부친에게 물려받은 세습 남작 작위를 지니고 있었으며, 앞서 말했던 '1963년 귀족법'으로 인해 스스로의 권리로 작위를 지닌 여성 세습 귀족으로 의석을 얻는 것도 가능해졌다. 그녀의 부친은 인도의 부왕으로 알려진 조지 커즌 경(Sir George Cuzon). 여기서도 남자 계승자가 없었기 때문에, 과거부터 물려 내려 온 스카스데일 자작 작위는 사촌인 리처드에게 넘어갔고, 조지에게 주어진 커즌 오브 케들스톤 후작 작위는 소멸되었다. '특별계승권'에 의해, 레이븐즈데일 남작 작위를 장녀가 물려받는 형태가 된 것이다.

🌸 커즌의 첫 번째 아내 메어리(1870~1906). 델리에서 에드워드 7세 부부의 대관을 축하하는 접견 의식을 위해 착용했던 유명한 '공작 드레스' 차림. 1903년

🌸 조지 나다니엘 커즌(George Nathaniel Curzon, 1859~1925). 정치가, 1899년부터 1905년까지는 인도 부왕.

이리하여 '여성으로서 최초'라는 칭호를 가진 정치가로서 활동했던 레이디 아이린이었지만, 부친 커즌 경이 옛날 여성 참정권 운동 반대 단체의 회장을 맡았다는 것은 역사의 아이러니일지도 모른다.

현재 새로이 수여되는 작위는 전부 일대귀족이다. 그리고 1999년 귀족원법에 의해, 세습 작위로 자동적으로 의석을 얻는 제도는 폐지되기로 결정되었다. 지금의 영국에서 귀족원의 의원은 태반이 일대귀족이다.

🏵 장자 상속과 한사 상속─토지와 재산의 행방

귀족의 기원은 작위와 영지를 받고, 그 대신 군사 면에서 군주에게 봉사하는 봉건제에서 시작되었다. 귀족의 명예를 상징하는 것은 작위, 수입의 근원은 토지, 권력을 나타내는 것은 장대한 '전원 저택(Country House)'이었다. 작위와 토지와 저택이 뿔뿔이 흩어져 쇠퇴하는 것을 막기 위해, 귀족의 상속 제도에는 2가지 시스템이 복합적으로 작용하고 있었다.

하나는 '장자 상속(Primogeniture)'. 토지, 재산, 그 태반을 장자 혼자

🏵 페르디난드 브랫 「전원의 희망」 어린 후계자에게 일족의 고문 변호사가 고개를 숙여 인사하고 있다.

🌸 래틀랜드 후작의 차남인 존. 장남 해든 경이 어렸을 때 죽었기 때문에, 제9대 공작 작위를 물려받게 되었다. 제임스 제뷰사 샤논 (James Jebusa Shannon)이 그린 초상화.

상속한다. 관습에 의해, 이러한 한 사람의 상속 예정자로 선택되는 것은 대부분의 경우 장남, 또는 남자 쪽의 친족이었다.

또 하나는 '한사 상속 (Entailment)'. 어떤 당주가 있다고 했을 때, 다음 대에 물려줄 예정인 재산에 관해 그 다음 대까지 상속 방법을 결정해두는 제도이다. 상속 순서나 처분 방법 등을 기록한 문서를 '엄격계승재산설정(Strict Settlement)'이라 부르며, 아이가 성인이 되었을 때나 결혼 때 등에 결정한다.

한사 상속은 보통 장자 상속에 따라 이루어진다. 우선은 장남, 다음은 차남, 삼남. 아들이 없거나 전원이 당주보다 먼저 죽어버렸을 때는, 전대로 거슬러 올라가 남자 쪽 혈통을 가까운 순서로 따라가 친척 상속인을 찾는다. 이러한 경우에는 여성 상속은 인정되지 않았다. 결혼에 의해 다른 집에 흡수되어버릴 우려가 있기 때문이다.

한사 상속이 설정되어 있는 토지나 재산은 다음 세대로 넘겨줄 때까지 팔거나, 양도하거나, 저당을 잡힐 때 등에 제한이 걸리게 된다.

🌸 래틀랜드 공작 부인 바이올렛과 딸 매저리(좌), 아들 해든 경(중앙), 레티(우). 매저리가 더 연상이었으나, 작위는 남자인 해든 경이 물려받을 예정이었다.

토지를 이용해 얻는 수입이나 금리를 얻을 수 있을 뿐이다. 즉, 선대에 의해 한사 상속되어버린 재산은 그걸 받는 자에게 있어서 진정한 의미로 자유로이 처분할 수 있는 소유물이 아니라, 자신이 죽고 다음 대에 물려줄 때까지 사용권을 빌려 쓰고 있는 거나 다름없었다.

귀족의 당주란 과거에서 물려받은 가족사의 일부이며, 일족의 영예와 재산을 지키고, 다음 세대에 무탈하게 물려주는 것이 일생의 의무였다라고 생각할 수도 있다. 아무리 딸을 사랑한다 해도, 재산 상속은 또 다른 문제였다.

✤ 작가 · 조원가인 비타 색빌웨스트(Vita Sackville-West, 1892~1962). 필립 드 라슬로(Philip de Laszle)가 그린 초상화, 1910년.

🌸 켄트에 세워진 대저택 '놀' 1899년경. 비타를 모델로 한 버지니아 울프(Virginia Woolf)의 중편 소설 『올랜도』의 무대가 되었다.

🔵 영애와 상속 문제, 색빌 남작 가의 경우

뒤를 이을 아들을 얻지 못하고 딸밖에 없는 집안에서 상속 문제가 일어나고, 작위도 토지도 재산도 전부 먼 친척에게 넘어가버리고 만다…. 이것은 제인 오스틴(Jane Austin)의 『오만과 편견』(1813년)부터 앞서 말했던 '다운튼 애비'에 이르기까지, 19세기부터 20세기 영국을 무대로 한 이야기에서는 무척이나 친숙한 상황이다.

물론 이것은 현실에도 마찬가지 일이 자주 일어났다는 것을 나타낸다. 예를 들어 여성 작가 비타 색빌웨스트(Vita Sackville-West)는 제3대 색빌 남작의 외동딸이었으나, 여성이기 때문에 작위도, 태어나고 자란 가족 대대로 물려받은 저택 '놀'도 물려받을 수가 없었다. 제4대 색빌 남작의 작위와 저택은 비타가 물려받지 못했고, 남자 쪽을 따라

제3대 남작의 동생, 즉 비타의 숙부가 상속했다.

색빌 남작 가의 상속을 둘러싼 문제는 또 있었다. 비타의 부친의 한 세대 전인 제2대 색빌 남작은 비타가 봤을 때는 대백부(조부의 형)에 해당하는데, 그는 옛날 스페인의 무희였다고 알려진 내연의 아내 페피타(호세파)와의 사이에 몇 명인가의 자식을 두고 있었다.

그중 하나가 빅토리아, 즉 비타의 모친이다.

즉, 제2대 색빌 남작이 봤을 때 서자인 자신의 사랑하는 딸 빅토리아와 조카를 결혼시켜, 작위와 재산을 물려받은 형태인 것이다.

하지만 제2대 남작이 세상을 떠났을 때, 빅토리아의 동생 헨리, 즉 2대 남작과 페피타의 아들이 정통 계승자는 자신이라 주장하며 재판을 벌였다. 초점이 된 것은 2대 남작과 페피타가 정식으로 결혼을 했느냐 아니냐. 헨리가 2대 남작의 아들로 인정을 받으면, 작위도 재산도 그의 것이 되지만, 서자라면 아무런 권리도 없다. 2대 남작은 딸의 남편인 사위에게 물려줄 생각이었고, 헨리에게 유리한 증거는 생전에 '부인'했기 때문에, 색빌 남작 부부 측이 승소했다. 일본과는 달리 양자와 혼외 자식은 계승을 인정받지 못했던 것이다.

또 하나 더, 색빌 남작 가는 현금과 가구, 미술품을 포함한 동산의 상속에 대해서도 기소 문제가 발생했었는데, 여기에 대한 내용은 제4장에서 다루기로 하겠다.

귀족의 계승 제도 안에서 봤을 때, 영애의 입장은 결코 강하지 않았다. 그녀들은 장자 상속의 은혜를 받을 수가 없었다. 설령 한사 상속 설정이 없고, 유언에 의해 자신의 재산을 지닌 '여상속인'이 된 경우에도, 시대마다 법 제도나 개별 규칙에 따라서는 결혼 후에 남편의 재산에 흡수되어버리는 등 모든 것을 개인의 마음대로 하기는 무척 어려웠다.

그렇다고는 해도, 대저택의 깊은 곳에서는 여성의 세계가 펼쳐져 있었을 것이다. 그 일상생활을 소녀시대부터 순서대로 따라가보자.

귀족의 칭호와 부르는 법

	상급 계급끼리일 때	아래 계급에서 부를 때
여왕	맴(maam)	유어 마세스티(your majesty)
왕자	서(sir)	유어 로열 하이너스 (your royal highness)
왕녀, 왕자의 비	맴(maam)	유어 로열 하이너스 (your royal highness)
공작	듀크(duke)	유어 그레이스(your grace)
공작 부인	더처스(duchess)	유어 그레이스(your grace)
후작·백작·자작· 남작	로드(lord)·(지명 또는 성)	마이 로드(my lord) 또는 유어 로드십(your lordship)
후작·백작·자작· 남작부인	레이디(lady)·(지명 또는 성)	마이 레이디(my lady) 또는 유어 레이디십(your ladyship)
준남작, 나이트	서(sir)·이름·성	서(sir)·이름
준남작· 나이트 부인	레이디(lady)·성	마이 레이디(my lady) 또는 유어 레이디십(your ladyship)
공작·후작· 백작의 장남	로드(lord)·(지명 또는 성)	마이 로드(my lord) 또는 유어 로드십(your lordship)
공작·후작· 백작의 장남의 부인	레이디(lady)·(지명 또는 성)	마이 레이디(my lady) 또는 유어 레이디십(your ladyship)
공작· 후작의 차남 이하	로드(lord)·이름·성	마이 로드(my lord) 또는 유어 로드십(your lordship)
공작·후작의 차남 이하의 부인	레이디(lady)· 남편의 이름·성	마이 레이디(my lady) 또는 유어 레이디십(your ladyship)
공작·후작· 백작의 딸	레이디·이름·성	마이 레이디(my lady) 또는 유어 레이디십(your ladyship)
자작 이하의 딸	미스(miss)·이름·성	미스(miss)
백작의 차남 이하 및 자작 이하의 아들	미스터(mister)·이름·성	서(sir)

『상류 사회의 매너와 룰』(제16판·1890년)에서

앞의 표는 19세기의 에티켓 북에 기록된 부르는 방법을 정리한 것이다. 현재의 운용과는 다른 부분도 있다(더 자세한 설명은 AK트리비아북 『영국 집사의 일상』 78~80페이지를 참조). 이 정도로 복잡한 시스템이 있는데도 더욱 어려운 것은, 칭호는 반드시 고정된 것이 아니라 부르는 사람끼리의 관계나 인생의 스테이지가 바뀔 때마다 변화한다는 점이다.

예를 들어 만약 이그잼플 백작의 삼남으로 태어난 존 스미스라는 사람이 있다고 하자. 그는 처음에는 '미스터 존 스미스'이다. 가까운 가족이나 친척에게는 '존'이라고 이름을, 기숙 학교의 친구들은 '스미스'라고 성

🌸 존 애버렛 밀레이(John Everett Millais) '헌트리 후작 부인' 1870년. 맨체스터의 은행가의 딸이 제10대 헌트리 후작과 결혼해 미스 칸리프 브룩스에서 레이디 헌트리로 불리게 되었다.

을 편하게 부를지도 모르고, 자택의 하인들은 '마스터 존'(존 도련님)이라 부를지도 모른다. 하지만 부친이 살아 있을 때 서민원에서 정치가로서 활약하거나, 군무나 외교로 공적을 세우거나 하여 나이트의 훈장을 받았다면, 그는 '서 존'이 된다. 부친이 세상을 떠나 형이 작위를 계승해도 본인에게 영향은 없이 그대로다. 하지만 불운하게도 큰형과 둘째 형이 차례로 세상을 떠나 백작 작위가 돌아오게 된다면, 그는 이그잼플 백작 존 스미스가 되며, 얼굴을 마주볼 때는 로드 이그잼플(이그잼플 경)이라 불리게 된다.

후작에서 남작까지의 작위를 지닌 귀족의 경우, 당주의 부인은 레이디 이그잼플(이그잼플 경 부인)과 지명 또는 성에 경칭인 레이디를 붙여 부르게 된다. 자신의 권리로 작위를 지닌 여성도 마찬가지이다. 하지만 백작 이상의 영애는 레이디 엘리자베스 스미스 등으로 이름과 성에 경칭을 붙여 불린다. 극히 친밀한 가족이나 친족은 성이나 칭호도 생략해 부를지도 모른다.

다시 한 번 만약, 백작 가의 당주 이그잼플 경이 조부인 손녀 앤이라는 여성이 있다고 치자. 조부가 살아 있는 동안 그녀는 '미스 앤 스미스'이다. 조부가 세상을 떠나 부친이 작위를 물려받았다면, 새롭게 '레이디'의 칭호가 붙는다.

현재 영국 왕태자비 다이애나는 11세 때 부친이 백작 작위를 물려받아 레이디 다이애나가 되었다. 마찬가지로 신시아 채털리스의 경우, 부친이 윔즈 백작 작위를 물려받은 것은 이미 그녀가 허버트 애스키스와 결혼해 성이 바뀐 다음이었지만, 남편에게는 작위가 없었기에 그녀는 레이디 신시아 애스키스라 불리게 되었다.

❀ 레이디 다이애나의 언니, 공작 가의 장녀 레이디 매저리 매너즈는 제6대 앵글시 후작과 결혼해 앵글시 경 부인이라 불리게 되었다.

❀ 제8대 래틀랜드 공작 가의 막내딸 레이디 다이애나 매너즈가 더프 쿠퍼 씨와 결혼해도 레이디는 떨어지지 않고 레이디 다이애나 쿠퍼가 된다.

귀족의 영애가 결혼할 때 성은 상대의 이름을 따라 바뀌지만, 상대가 귀족이 아니라 해도 레이디의 칭호는 그대로 가져갈 수 있다. 예를 들어 앞서 말했던 레이디 앤이 평민인 미스터 존스(존스 씨)와 결혼했다면, 미세스 존스(존스 부인)이 아니라 레이디 앤 존스가 된다.

남편 쪽은 귀족 영애나 자신의 권리로 작위를 지닌 '레이디'와 결혼했다 해도 '로드' 칭호가 자동으로 붙는 것이 아니라, '미스터' 그대로

이다.

영애인 레이디 앤이 공작부터 남작까지 중 어떤 작위를 지닌 귀족과 결혼한다면, 그녀는 남편의 지위에 따라 불리게 된다. 상대가 공작이라면 더처스(공작부인). 섬바디 후작과 결혼했다면 레이디 섬바디(섬바디 경 부인). 이때는 이름은 사용하지 않는다.

이처럼 입문서에는 세세한 룰이 기재되어 있는데, 예를 들어 부친이 세상을 떠나 작위가 계승될 때까지 오랫동안 사용되던 명목상의 칭호가 정착해 새롭게 불리게 되는 것이 영 익숙해지지 않았다는 회상도 있고, 이혼이나 사별로 공식으로는 이전 칭호를 사용할 수 없게 됐는데 주위에서 얼굴을 보고 말할 때는 그대로 계속 부른 예도 많다. 실제 운용은 매뉴얼대로 이루어진다고 단언할 수 없는 건지도 모른다.

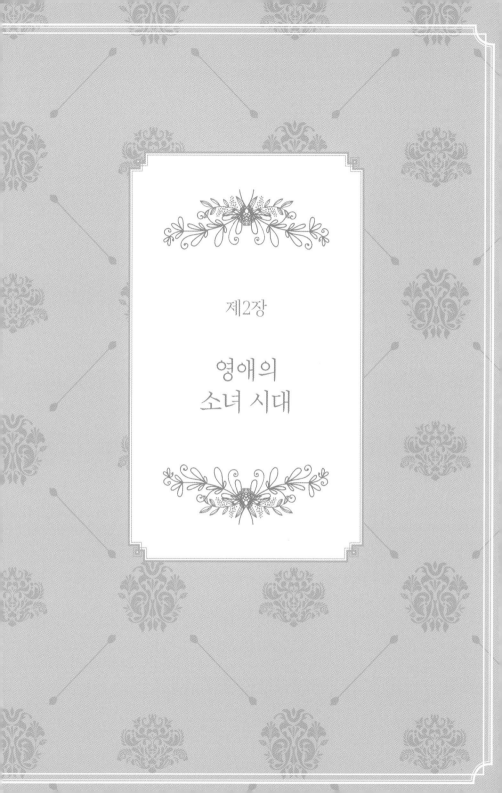

제2장

영애의
소녀 시대

❀ 존 싱어 서전트 「디 어너러블 빅토리아 스탠리」 1899년. 훗날의 제17대 더비 백작 영애(1892~1927)의 초상. 붉은 재킷에 채찍을 든 수렵을 연상케 하는 모습으로, 귀족의 딸다운 활발함을 보여주고 있으나 아이러니하게도 수렵 중의 사고로 세상을 떠났다.

🐢 대저택의 아이들

　가장 오래된 기억은 끝없이 이어진 거 아닌가 싶었던 계단을 올라갔던 것. 뛰어 올라가 문을 열고, 들뜬 가슴을 안으며 지붕 위로 올라가면 최고로 경치가 좋은 장소가 나왔죠. 마리 항(스코틀랜드 북동쪽에 위치한 항구)으로 저무는 눈부신 석양을 바라보았습니다. 그때의 저는 조금만 더 눈을 크게 뜰 수만 있었다면, 북극점(North pole)을—폴이라고 하기에 봉 모양인 줄 착각하고 있었습니다만—볼 수 있을 거라고 생각했었습니다. 왜냐 하면, 상상 속에서 바다를 건너 북극점으로 이어지는 그 길에는 가로막는 육지는 아무것도 없다고 배웠고, 그걸 완전히 믿고 있었기 때문이죠.

　(레이디 뮤리엘 벡위드 『생각해 보면』 1936년)

　저는 지금까지의 인생에서 '무어 파크' 저택을 집요하리만큼 계속 사랑해왔습니다. 이제는 다른 사람의 손에 넘어갔지만, 마음속에서는 지금도 저의 것입니다. 뇌리에 떠오르는 광경은 모두 그 저택이 배경이며, 그게 저희 취향과 사고방식을 단단하게 굳혀버렸습니다. 지금이 되어도 헬리오트로프나 라일락, 건초 냄새가 나면 그 집에서 지내던 어린 시절로 돌아간 듯한 기분이 듭니다.

　(수잔 트위즈뮤어 『라일락과 장미』 1952년)

귀족 여성들이 발표하는 회상록은, 대부분 태어나고 자란 집의 추억을 사랑스러운 듯 돌아보는 부분이 포함되어 있다. 풍부한 영국의 자연, 영지와 소작농, 아름답게 손질된 정원, 마구간에는 말과 개, 대대로 물려받아 온 일족의 본거지인 장대한 저택과 하인들. 귀족의 생활 전부가 완전히 모여 있던 집에 대해, 귀족의 영애로서 태어난 그녀들은 깊은 애착과 애석함을 담아 말한다. 여성의 경우 자신이 다른 집안의 누군가와 결혼하거나, 아니면 당주인 부친이 세상을 떠나 토지 가옥이 다른 상속인의 손에 넘어가거나 하는 일이 생기면, 나갈 수밖에 없게 된다. 하지만 언젠가는 떠나게 되리라고는 생각도 하지 않는 어린 시절에는, 셀 수 없을 만큼 많은 방도, 계단도, 정원도, 지붕에서 바라보는 경치도, 모든 것이 영애들의 것이었다.

그렇다고는 해도 보통 집 안에서 아이들이 지낼 수 있도록 허가된 장소는 확실하게 선이 그어져 있었다. 영국의 대저택의 구조는 건설 시기에 따라 다르긴 하지만, 1층에는 응접실, 만찬실, 서재와 도서실

제4대 배스 후작 영애 베아트리스, 앨리스, 캐서린. 승마복 차림으로, 화려한 모자를 쓰고 있다. 1870~80년대에 찍힌 사진.

등, 손님을 맞이하거나 가족이 지내는 방들이 배치되어 있었으며, 가족이나 손님의 침실은 2층에 있었다. 그리고 아이들의 방은 그 이상의 층으로 밀려나는 경우가 많았다. 때로는 하인의 침실과 아이 방이 같은 층을 공유했으며, 그들이 지내는 '안쪽' 영역에 출입하는 통로나 계단에는 소음을 방지하는 문이 설치되어 있는 경우도 있었다. 문의 바깥쪽에는 화려한 장식이 되어 있는 한편, 안쪽에는 '녹색 베이즈', 즉 당구대 표면에 쓰일 법한 두꺼운 나사(羅紗) 천을 붙여 방음성을 높였다고 한다.

대저택의 세계는 애초에 광대한 정원이나 영지에 의해 바깥 세계와는 단절되어 있다.

그중에서도 아이들이 지내는 영역은 거기에다 어른들의 세계와

🕸 줄스 카이론(Jules Cayron) 「소개」 1904년. 유복한 집의 아이들은 방문자들에게 자랑스럽게 내보인 후, 바로 아이들 방으로 돌아가게 된다. 프랑스의 화가가 그린 그림이지만, 이 관습은 영국과 다르지 않았던 모양이다.

수많은 수단으로 떨어져 있었다. 대저택의 아이들은 2중으로 격리되어 있다고도, 엄중하게 보호되고 있다고도 할 수 있을 것이다.

🌸 귀족을 지탱해주는 '영국의 너스'들

빅토리아 시대나 에드워드 시대의 귀족 부모라면, 아이들의 양육은 남에게 맡기고, 부친은 엄격하고 소원했으며, 모친은 사교에 전념해 육아에 관해서는 방치하는 느낌이 드는 것이 정착된 이미지이다. 아이들에게 깊은 관심을 가지고, 교육에 열과 성의를 다하는 부모도 물론 많았지만, 그럼에도 현대의 감각으로 비추어 보면 아이들과 부

🌸 햄프셔의 지주의 딸, 앨리스 포넘 카터. 공부방에서, 1837년.

모가 접촉하는 시간이 전체적으로 놀라울 정도로 짧다. 우선 부모와 아이를 물리적으로 격리하는 대저택의 구조 문제가 있으며, 아이의 양육에 관한 실제 작업은 성장 상태에 따라 다양한 용도로 고용된 하인과 교육 담당에게 순서대로 맡기는 관습도 작용했다.

새로운 아이가 태어나면 우선 처음에는 '먼슬리 너스(monthly nurse)'라는 전문 여성을 부르며, 몇 주부터 이름 그대로 한 달

✿ 흰 옷을 입은 너스와 도련님. 브라이튼에서 촬영된 카드형 사진. 아마도 1900년 전후.

정도의 기간 동안 모자를 도왔다. 모친 대신 모유를 주는 '유모(wet nurse)'를 부르는 경우도 있었는데, 19세기 후반까지는 모친 자신이 수유를 해야 한다는 사회적 풍조가 퍼졌고, 그 후에는 청결하고 안전한 젖병이 보급되면서 유모를 부르는 일은 적어져 갔다.

먼슬리 너스의 담당 기간이 끝나면, 정식 너스 또는 내니(nanny)라 불리는 돌보기 담당이 나설 차례이다. 상류 계급의 큰 집에서는 너스장(head nurse) 아래에 언더 너스(under nurse)와 아이 방에서 함께 지내는 보모(nursery) 메이드, 너스 메이드라 불리는 젊은 어시스턴트가 몇 명 투입되어 일을 분담했다.

대저택의 아이의 생활은 무엇보다도 규율을 잘 지키고, 매일 같은

시간표를 지키는 것이 중시되었다. 제시카 제라드(Jessica Gerrard)의
『컨트리 하우스의 생활』(1994년)에 의하면, 1880년대의 일반적인 아
이들 방의 시간표는 다음과 같았던 모양이다.

오전 7시	기상
8시	조식
	산책
오후 1시 또는 2시	오찬
	산책
4시 또는 5시	차
그 후 1시간	아이들의 시간
6시 또는 7시	취침

'아이들의 시간'이란, 아이들이 부모와 지내는 시간이라는 의미다.
이것이 하루에 겨우 1시간인 집은 드물지 않았다. 스케줄은 집에 따
라 달랐지만, 차 시간 후에 석식 전이나 아니면 어른들이 석식을 마
치고 느긋하게 지내는 시간에 맞춰 응접실로 '내려오렴'이라고 하거
나, 아니면 성장에 맞춰 일요일 차나 점심시간에만 어른들의 테이블
에 함께 하는 것이 허용되거나, 반대로 방문 중인 손님과 부모가 아
이들 방의 차 시간에 함께 하는 것을 관습으로 하는 집도 있었다.

어른과 만날 때, 아이들은 정장을 차려 입을 것이 요구되었다. 유
아라 해도 상황에 어울리는 옷으로 갈아입는 것은 필수였다. 아침에
는 잠옷에서 평상복으로 갈아입고, 오전과 오후 산책 시간에는 모자
와 장갑과 상의를 입고, 차 시간이나 '아이들의 시간'에는 드레스 업
해 머리를 빗고, 밤에는 다시 잠옷으로 갈아입었다. 이것을 너스나
보모 메이드들이 열심히 도왔다.

식사는 아이들 전용 요리가 부엌에서 준비되어, 트레이에 담아 아이들 방으로 가져가 어른 가족들과는 별도로 이루어졌다. 영애들 본인은 알 리도 없는 일이겠지만, 특별한 식사가 준비될 때 요리사, 가정부, 너스 3자간에 작업 분담과 방침을 두고 다투는 일이 어느 집에서든 자주 일어나는 전개였던 모양이다.

❀ 제4대 배스 후작의 아이 존(좌)과 베아트리스(우). 남녀 쌍둥이라 같은 옷을 입고 있다.

전에 보모 메이드로 일했던 사라 세지윅의 회상에 의하면, 20세기 초의 유복한 집에서 아이들의 식사는 다음과 같았다.

우유는 전부 살균해야만 했습니다. 제가 일하던 아이 방에는 불을 붙일 수 있는 커다란 살균기가 있었습니다. 병을 세트하는 구멍이 있었고, 온도계가 달려 있어서 알맞은 온도를 측정할 수 있도록 되어 있었죠. 물도 전부 끓였

🐾 목사 행콕 가문의 아들 마마듀크와 월터 로리. 당시 남자도 4세 정도까지는 여자와 같은 드레스를 입었다. 카드형 사진, 1890년.

습니다. 아이들은 수도수를 직접 마시는 것이 금지되어 있었어요. 아기에게는 체로 거른 채소를 줬는데, 이 작업은 너스장의 감시 하에 저택의 부엌에서 이루어질 필요가 있었습니다. 연장자 아이들은 조식 때 지금의 아이들보다도 더 많이 먹었습니다. 처음에는 오트밀 죽(Porridge)이나, 아니면 당시 아직 시판품 종류도 적었던 시리얼에 진한 크림과 설탕을 뿌려 가져갔습니다. 다음으로는 거품을 낸 계란에 적셔 구운 빵. 그리고 베이컨을 한 줄. 마실 것은 우유입니다. 오전 중의 산책을 갈 때는 아이들은 채소밭이나 온실에서 가져 온 과일을 먹었습니다. 사과는 잘게 잘라 스푼을 사용했습니다. 점심때는 가끔 젤리 같

✤ 백화점 '해로즈' 1895년 카탈로그에 게재된 젖병. 입에 물고 빠는 부분은 떼어낼 수 있다.

✤ 아기에게 주는 선물인 스털링 실버로 만든 딸랑이. '해로즈' 1929년 카탈로그에서.

✤ 『더 퀸』 1884년에 게재된 유모차 광고. 스프링 식이라 승차감이 좋을 것 같다.

✤ 여성 잡지 『더 퀸』에 1896년 게재된 광고. 호화로운 요람은 5파운드부터 100파운드까지.

✤ 명명식 선물로는 은제품 세트나 머그를 보내는 관습이 있었다. 1929년.

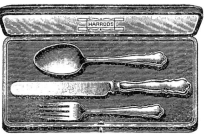

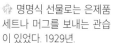

🌸 너스(좌)에게 이끌려 응접실로 '내려 온' 소녀. 손님 '난 몇 살로 보이니?'
소녀 '16! 거기까지밖에 못 세요' 『펀치』 1886년 4월 3일.

은 수프에 생선이나 닭고기. 항상 식후에는 밀크 푸딩입니다. 차 시간에는 얇게 자른 빵을 버터와 함께 냈고, 잼 약간, 예쁘게 자른 바나나 샌드위치, 그리고 반드시 스펀지케이크가 이어졌습니다. 마실 것은 우유입니다. 제가 일하던 아이 방에는 차 시간이 되면 반드시 처음과 끝에 홍차와 얇게 자른 빵에 버터를 곁들여 먹었습니다. 석식(supper)은 컵 한 잔의 우유와 버터를 곁들인 얇게 자른 빵이었습니다. 치아에 좋지 않다며 치과 의사가 반대했기 때문에, 그 당시 아이들에게는 비스킷은 허락되지 않았습니다.

(사라 세지윅 '타인의 아이들' 노엘 스트레트필드 편 『어제보다 전날』게 재 1956년)

사라가 말한 아이 방 메뉴는 꽤 맛있을 것처럼도 들리지만, 당시 대부분의 아이 방에서는 맛보다는 영양과 안전성이 우선되기 일쑤였기 때문에, 메뉴는 매일 판에 찍어낸 것처럼 바뀌지 않았다. 버터를 곁들인 토스트, 익힌 베이컨과 햄, 스펀지케이크와 밀크 푸딩은 단골 메뉴였다. 영국 요리가 전통적으로 평판이 좋지 않은 것의 원인이 어쩌면 엘리트 계급의 어린 시절 식습관도 관계가 있을지도 모른다. 내니들의 예절 교육도 굉장히 엄했다. 공작 영애인 다이애나 쿠퍼는 내니가 '편식 금물(don't be dainty)'이라고 십자수로 자수된 턱받이를 채우고 식사를 했던 것을 기억하고 있다.

사치와 편리를 추구하는 것은 벼락부자나 하는 짓이며, 귀족은 옛날부터 착실하고 건강한 생활 스타일을 좋아하는 것이다—라는 상류 계급의 독특한 가치관은, 전원 커뮤니티에서 공유되고 있었다. 과거의 인테리어를 복원한 영국 저택을 방문해보면, 과연, 산업 혁명기 이후에 꾸민 상층 중류 계급의 저택에서는 아이 방의 벽지까지 귀엽고 화려하고 아름답게 장식하는 경향이 있는 모양이다.

여기서 어머니 측의 변명을 들어보자. 미국에서 영국 말버러 공작 가문으로 시집 온 콘수엘로 밴더빌트(Consuelo Vanderbilt)는 영국의 너스들의 생태에 놀라움을 숨기지 않았다.

아이 방은 너스장(head nurse)에 의해 통치되고 있었습니다. 그녀는 아마도 상류 지향(snobbishness)의 전형이라 할 수 있는 사람으로, 두 번째 아들이 태어났을 때 자연스러운 흐름이라면 그녀가 새로운 아이 담당으로 바뀌었어야 하는데도 아직 아기라면서 '후작'(이미 있던 장남 존을 말함. 명목상의 칭호 사용으로 인해, 장남은 부친이 지닌 칭호 중 두 번째의 것을 사용한다. 이 경우에는 '브랜드포드 후작')을 제2 너스에게 넘기는 것을 거부한 거예요. 그녀에게 있어서, 차남을 태운 유모차를 미는 것은 굴욕이었던 겁니다.

(콘수엘로 밴더빌트 바르산 『빛나는 것과 황금』 1953년)

❀ 말버러 공작부인 콘수엘로(1877~1964), 1909년.

1898년, 차남 아이바가 갓 태어난 겨울, 남편은 수렵을 위해 집을 비우는 일이 많았고, 콘수엘로는 쓸쓸한 나날을 보내고 있었다. '아기들은 아직 어렸고, 영국의 너스에 대해 아이가 모친과 지내는 시간을 특별히 더 늘려달라고 부탁하는 건 무리였어요'라고 자서전에서 말했다. 경험이 풍부한 너스와 젊고 익숙하지 않은 여주인의 알력이 느껴지는 기술이다.

🐢 하인들의 순진한 생활

　모친과 너스의 개성과 힘 관계, 집마다의 관습에 따라 달라지지만, 아이들이 날마다 긴 시간을 함께 보내는 상대는, 역시 너스나 집안에 들어와 사는 기시 하인들이었다. 아직 어린 아이들은 계급의식이 희박했고, '집의 뒤쪽' 또는 '계단 아래'에 있는 부엌이나 하인의 영역에 마음대로 들어갔다. 하인 쪽에서는 편하게 대하면서도, 아무리 어린 상대라 해도 '도련님(Master)', '아가씨(Miss)'를 붙여서 부르는 등 정중하게 대했다. 어른으로서의 중압감도 아직 없었고, 하인들에게 그저 어리광을 부릴 뿐이던 소녀 시대를 그렇게 돌아보는 영애는 적지 않다. 도싯의 지주의 딸이던 비올라 뱅키스는 회상록 속에서 하인과의 추억에 많은 페이지를 할애했다.

🐢 비올라 뱅키스, 17세 때의 사진.

하우스 메이드들은 모두 우리를 굉장히 잘 대해주었죠. 특히 어머니가 집을 비웠을 때는 이제 막 닦은 마룻바닥에서 미끄러지면서 놀게 해주었죠. 만약 어머니가 계셨다면 그런 건 절대로 용납되지 않았을 거예요. 저는 (메이드) 이디스가 떡갈나무 바닥에 엎드려 걸레질을 하고 있는 걸 보면, 반드

🌸 어린 여자아이가 메이드를 돕는다. '제인, 결혼했어?' '아뇨, 아가씨' '그래, 나도야' 『펀치』 1922년 4월 12일.

시 그녀의 굳세고 넓은 등에 올라탔어요. 분명히 일하는 데 방해가 됐을 겁니다. 하우스 메이드장을 거쳐 최후에는 어머니의 개인 메이드가 된 스코틀랜드 출신 케이트 쪽이 더욱 인기가 있었죠. 뭔가가 망가진 걸 보면, 항상 '누가 했어?'라며 걸레를 휘두르며 무서운 형상으로 다가왔는데요—아무래도 망가진 곳을 고치거나 치울 수 있는지보다, 범인을 밝혀내는 쪽에 관심이 있었던 모양입니다.

(비올라 뱅키스 『킹스턴 레이시 저택의 어린 시절』 1986년)

아이들의 천진난만함과, 하인들과의 힘 관계를 엿볼 수 있는 이야기이다. 다만 비올라는 하인들과 친해져도 개인 방에는 들어갈 수 없었다고 한다. 한편, 백작 가의 영애 신시아 애스키스는 메이드의 침실이 있는 다락방에도 들어갔다고 한다.

> '다락방'이 있는 층은 장식이 없고, 춥고, 박쥐가 잔뜩 있었다.
> 그 이외에도, 그 층에는 멋진 친구들이 살고 있었다. 내가 가
> 면 반드시 기꺼이 시간을 내 주고, 나는 득별하구나라는 기분
> 좋은 '자존심'을 주었다. 그리고 '분장 쇼'의 더할 나위 없는 최
> 고의 관객이 되어 주었다—코르크를 태워서 콧수염을 그리고,
> 스커트를 벗는 정도의 가장밖에 없었지만.
>
> (신시아 애스키스『문득 떠올리기도 하겠죠』1950년)

남자 하인도 백작 가의 영애 신시아에게는 굉장히 편하게 대해주
었다. 집사의 작업실(Pantry)에 가면 풋맨은 녹색 나사 천으로 만든
앞치마를 두르고, 연초를 물고 은 식기를 손질하거나 했지만, 항상
'트럼프 마술을 보여주거나, 나의 끝없는 질문에도 모두 대답해주기
도 했고, 보통 싹싹하게 진저 비어나 탄산이 든 레모네이드의 병을
열어주었다'고 한다.

귀족의 아이의 유소년 시대, 아침부터 밤까지 대부분의 시간을 함
께 보낸 너스나 아이 방에 같이 사는 메이드들은, 많은 집에서 깊은
애정의 대상이 되어 있었다. 때로는 엄하게 예절을 가르치고, 때로
는 고향의 옛날 이야기를 들려주고, 책을 읽어주기도 하는 너스와도
때가 되면 헤어지고, 공부를 가르쳐 주는 다음 스텝으로 나아가지 않
으면 안 된다. 단, 경제적인 여유와 가족이 허락하기만 한다면, 아이
가 '졸업'한 너스를 그대로 애기 상대로 집에 머물게 하는 케이스도

있었다.

정치가, 인도의 부왕이던 커즌 경의 최초의 아내 메어리 라이터는, 심각한 병에 걸려 30대의 젊은 나이로 세상을 떠났는데, 사경을 헤매면서도 아이들의 너스가 그만두지 못하게 하도록 남편에게 부탁했다고 한다.

'케들스톤 영지 내에 집을 주도록 해요. 절대로 떠나게 하지 말아요'라고.

❀ 우스터셔에 있는 '허글리 홀'의 아이 방. 자작 가문의 내니와 도련님들. 1890년대.

🌸 가정교사의 등장과 영애 교육의 내용

집을 비우기 일쑤인 부모 대신으로 유사 부모자식 관계를 쌓아올리는 너스들에 비해, 가정교사(governess)는 그렇게까지 사랑받지 못하는 것이 보통이었던 모양이다. 니스나 보모 메이드들은 요리나 청소 등 다른 선택지들에서 어느 정도는 자신의 의사로 아이들과 접할 수 있는 직업을 선택할 수 있었을 것이다. 하지만 가정교사의 경우는 배경이 다르다.

샬롯 브론테(Charlotte Bronte)의 소설 『제인 에어』(1847년)의 예를 들 것도 없이, 최소한 19세기 동안에는 가정교사라고 하면, 부모에게 재산이 없어 스스로 일해 생계를 유지하지 않으면 안 되는 중류 계

🌸 '허글리 홀'의 공부방. 가정교사와 영애들. 1890년대.

급의 숙녀들이 선택하는 것이 허용된 거의 유일한 고상한 직업이었다. 특히 아이를 좋아하지 않고, 가르치는 기술도 경험도 없는 젊은 여성이 어쩔 수 없이 직업을 찾는 상황이 생기기 쉬웠기 때문인지도 모른다. 아이 쪽에서도 그런 심경을 읽어낸 건지, 가정교사에게 심하게 반항하고 계속해서 문제를 일으켜 쫓아냈다는 추억을 자주 들을 수 있다.

✿ 착한 아이들에게 피아노로 노래를 들려주는 가정교사. 따스한 장면이지만, 표정은 어딘가 모르게 슬프다. 『아이들을 위한 앨범』에서.

사랑과 열의는 일단 제쳐 두고, 귀족의 아이들은 5, 6세가 되면 너스의 관할에서 보모 겸 가정교사(nursery governess)의 손으로 넘어가게 되었다. 가버너스라는 이름은 붙어 있지만 실태는 정식 가정교사와는 달랐고, 단순히 '어머니 도우미(mother's helper)'라 불리는 경우도 있었다.

유명한 가정지침서인 『비튼 부인의 가정서』의 1861년 초판에는 보

🌸 식전 기도를 가르치는 보모 겸 가정교사.
식사를 돕거나 예절 교육도 그녀의 일이었다.
『펀치』 1892년 5월 28일.

모 겸 가정교사 항목은 없었는데, 에드워드 7세 시대인 1907년에 발행된 개정판에는 상세한 기술이 추가되어 있다. 거기에 따르면, '보모 겸 가정교사의 직무는 숙녀의 것이어야 하며, 너무나도 많은 집에서 쉽게 실수를 저지르는 것처럼, 가정교사와 너스의 역할을 혼자서 하도록 요구하면서도 하인 한 명분을 훨씬 밑도는 급료밖에 주지 않는 등의 과오를 저질러서는 안 됩니다'라고 적혀 있다.

'안 됩니다'라고 금지하는 것을 보면, 이런 일이 횡행하고 있었다는 뜻일 것이다. 교육의 정도 면에서도 불충분하지만, 그렇다고 해서 정말로 하인의 입장에 어울리는 급료를 받기에는 계급적인 긍지가 용납하지 않는, 이런 여성들이 아이를 돌보는 너스에게서 이어받아, 읽고 쓰기나 음악 등 초보적인 교육을 하고 있었음을 알 수 있다. 그리고 보모 겸 가정교사의 또 하나의 중요한 역할은 아이들의 옷 관리이며, 그 말은 재봉이 필수 능력으로 여겨졌다는 것이다.

대략 7, 8세까지 보모 겸 가정교사에게 기초 학습을 마치면, 아이들은 다음으로 좀 더 나아간 내용을 가르쳐 주는 가정교사에게 넘겨졌다. 영애가 받을 수 있는 교양이라 하면, 우선 프랑스어를 시작으

THE LITTLE NURSERY GOVERNESS:

BY J. M. BARRIE
AUTHOR OF
THE LITTLE MINISTER, &c:

(Reprinted from THE SPEAKER, by arrangement with the Author.)

EVERY lawful day, at five minutes past three, I ring a bell and the little nursery governess at once rounds the corner of the street. She never hears the bell, for I am at a club window ringing for coffee, but five minutes past three is her time, and thus she seems to answer my summons daily. While I am saying "Black coffee and a cigarette" to George, the little nursery governess is crossing to the post-office. "Fivepence, sir," says George; and now the little nursery governess is taking six last looks at the letter. I carefully select the one suitable lump of sugar, and the little nursery governess is making sure that the stamp is sticking nicely. I light my cigarette, and she is reading the address as if it were music.

"HER TWO LITTLE CHARGES ARE PULLING HER AWAY FROM THE POST-OFFICE" (*p.* 61).

❁ 어린 아이들을 돌보느라 정신이 없는 보모 겸 가정교사(nursery governess). J.M.바리의 단편에 들어가 있는 삽화.

🌸 '아버지가 돈을 잃은' 여성을 '가버너스'로 고용한 집. 실제로는 보모 일이 메인인 모양이라…손님 왈 '어쩜 이렇게 가여울까!' 『펀치』 1904년 11월 9일.

로 하는 외국어, 지리, 역사, 식물학 등의 학과, 피아노 연주, 회화, 재봉, 예의 작법 정도였다.

10대 중반에 접어들면, 더욱 전문적인 교사를 붙여 사교계에 나가기 위한 준비가 이루어진다. 프랑스어, 독일어, 이탈리아어를 가르치는 전임 외국인 교사를 부르거나, 음악과 회화, 댄스 교사를 부르거나, 그 전부를 매일 바꿔가며 부르는 집도 있었다. 이러한 상류 여성에게 필요하다고 여겨졌던 교육은 숙녀의 교양(accomplishment)이라 불렸는데, 스스로를 높이기 위한 학문이라기보다는 어디까지나 사교에 도움이 되는 기술로 여겨졌다.

지성, 미모, 과격한 사상으로 잘 알려진 남작 영애, 미트포드(Mitford) 가문의 6자매(거기에 더해 아들이 하나)의 경우를 보도록 하자. 1904년생인 장녀 낸시는 4세 때 어머니에게 이끌려 증조모 에어리 백작부인의 브런치를 방문했는데, 증손이 아직 프랑스어 수업을 시

🌼 도련님과 아가씨에게 프랑스어 레슨 중인 독일인 가정교사. 『펀치』
1893년 2월 4일.

작하지 않았다는 이야기를 들은 이 귀부인은 온몸을 떨며 무거운 말
투로 '숙녀가 프랑스어를 못하는 것보다 저열한 것은 없습니다'라고
말했다고 한다.

　실제로 미트포드 가문에서는 보모 겸 가정교사가 하는 기초적인
공부는 모친인 시드니가 직접 가르쳤고, 8세부터 가정교사를 붙여주
고 있었던 모양이다. 메어리 S 라벨이 쓴 전기 『미트포드 가문의 딸
들』(쿠리노 마키코, 오오키 미츠코 역 2001년/2005년)에 의하면, 양친은 '당
시의 다른 부모와 다를 바 없이, 여자는 책 읽기와 가계부를 쓰기 위
한 기초적인 산수, 그리고 상류 계급의 교양인 프랑스어와 지리, 역
사를 배우면 충분하다고 생각했다. 물론 음악, 바느질, 예의 작법은
필수였다'고 한다. 가정교사인 미스 미람스가 불려오면, 남자 형제인
톰과 제1차 세계대전의 공습을 피해 분산 피난을 온 친구 부부의 아
이들과 함께 한층 더 나아간 교육을 받았다. 게다가 여름만은 프랑

스인 여성이 프랑스어를 가르쳐 주러 왔다고 한다. 그 기간 동안 식탁에서는 프랑스어로만 내화해야 했고, 식사 중에는 무척 조용했다고 삼녀인 다이애나는 회상했다.

유일한 남자였던 톰은 8세 때 진학 준비 학교(preparatory school)

✿ 집에서 자습하는 누니와 막 놀다가 들어온 꼬마. 『펀치』 1893년 4월 1일. 남녀가 받는 교육에는 차이가 있었다.

에 갔고, 뒤이어 퍼블릭 스쿨인 이튼 교에 입학했다. 이러한 엘리트 계급 남자들을 위한 학교에서는 고전 교양이 중시되었으며, 수업은 대부분 그리스어 · 라틴어로 이루어졌다.

여자는 보통 프랑스어 외에는 독일어, 이탈리아어에서 머물렀고, 고전어는 배우지 않았다. 오히려 교양이 너무 많은 것은 결혼에 불리해지며 생리적으로도 좋지 않다고 여겨졌기에, 1870년대경부터 잇달아 창립된 학업 중시의 신흥 여자 학교에는 보내고 싶어하지 않는 것이 귀족 부모들의 공통된 태도였다. 물론 그 앞의 고등 교육, 남자와 함께 다니는 대학 등은 논외다.

다만, 영애들도 학교에 가는 경우가 있다. 장녀인 낸시 미트포드는 주저하는 아버지에게 간절히 빌어 1921년 16세 때 근처의 기숙학교 하자룹 카슬 스쿨에 입학했다. 이것은 상류의 여자가 갈 수 있는 마

🌸 공작인 아버지에게서 '화가', '피아니스트', '여배우'가 될 수 있겠다고 칭찬을 받은 영애들이었지만, 중류층에서 자란 가정교사는 완전히 부정했다. 『펀치』 1881년 6월 25일. ―그렇다고는 해도, 화가나 여배우로서 활동한 귀족 여성의 예는 있었고, 의외로 자유로웠던 건지도 모른다.

무리 학교(Finishing school) 중 하나이기도 했다. 이름 그대로, 사교계에 나가기 직전의 전통적인 마무리 교육을 하는 곳으로, '신부 학교'라는 번역이 어울리는 경우도 있다.

하자롭에서는 주요 과학과 스포츠(테니스, 농구와 비슷한 넷볼이라는 구기, 수영)와 프랑스어, 피아노, 그리고 1주일에 한 번 댄스 수업도 있어서 이때만은 차녀 파멜라와 삼녀 다이애나가 집을 나와 레슨에 참가했다.

낸시를 위해 선택된 것은 국내의 학교로, 마무리로서 친구 학교의 교사와 동반으로 프랑스와 이탈리아로 수학여행을 떠났다. 장녀가 스타트를 끊었기 때문인지, 차녀 파멜라는 1923년, 그리고 삼녀 다이애나도 1926년에 프랑스의 '마무리 학교'로 유학을 갔다. 단, 점잖은 파멜라는 1년간의 파리 생활을 얌전히 즐기고 돌아왔지만, 다이애나는 그만 객실에 펼쳐 두고 깜빡한 일기를 모친이 읽는 바람에 큰

🐦 예약이 가득 찬 유명 댄스 교사 무슈 데그빌의 레슨을
받는 소녀들. 1911년.

문제로 발전해버리고 만다. '설령 낮이라 해도, 파리에서 젊은 남녀
가 둘이서 영화를 보러 가는 것은 터무니없는 비행으로, 대부분 용서
할 수 없는 죄였다'. 아무 일도 없었다는 주장이 무색하게, 다이애나
는 6개월 만에 영국으로 불려왔고, 벌로서 아래 동생들과 따분한 해
변 오두막에서 지내게 된다.

독일, 스위스 등의 평판이 좋은 기숙학교에 1년 정도 보내는 것은,
당시 유복한 귀족 집안에서는 일반적으로 행해지는 관습이었다. 신
시아 애스키스는 드레스덴의 마무리 학교에 8개월 체재하면서 회화
와 독일 문학을 배웠고, 미술관에 가서는 '유창해서 알아듣기 힘든
선생님의 설명을 들으면서' 거장의 작품을 둘러보았다고 한다.

드레스덴 마을은 사실 영국인 여학생에 점령당해 있었다. 하

❋ '스턴웨이' 저택 앞에 모인 엘코 경(훗날의 웜즈 백작) 일가, 1908
년경. 오른쪽 구석에서 개를 안고 있는 여자아이가 신시아.

숙(pension)에 머물고 있었지만, 이것은 가장 전통적인 기숙사
에 딸을 보낸 부모들이 보기에는 '너무 국제적이 되었다'며 몸
을 떨며 비난했다. (중략) 가르치는 내용은 모든 수업이 대단한
레벨은 아니었지만, 학교에서 배우는 정규 수업 같은 건 드레
스덴에서 보낸 그 황금의 나날 중 극히 일부에 불과했다. 그 나
라에서는 우리 모두의 앞에 수많은 마법의 창문이 크게 열려
있었다.

(신시아 애스키스 『문득 떠올리기도 하겠죠』 1950년)

마무리 학교의 '마법의 창'을 빠져나가면, 사교계 데뷔가 기다리고
있다. 귀족의 영애들의 통과의례, 어른으로 가는 최초의 한 걸음을
내딛는 것이다.

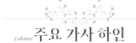

주요 가사 하인

옛날 대저택에서의 귀족 생활은, 수많은 가사 하인의 일이 따라오는 것이었다. 여기시는 특히 귀족 여성과 관련된 직명을 소개해두도록 하겠다. 더 자세한 내용에 대해서는 『영국 메이드의 일상』, 『영국 집사의 일상』을 참조하기 바란다.

여성 하인

가정부(Housekeeper)

상급 하인. 여성 하인의 리더. 리넨과 도자기 관리가 주된 업무로, 일용품 주문과 지급도 담당한다. 집에 따라서는 스틸룸이라 불리는 소규모 부엌을 사용하며, 부하인 스틸룸 메이드를 부려 잼과 피클 등 보존식을 만들거나, 차나 커피를 준비하거나, 과자를 굽기도 했다.

하우스 메이드(House maid)

가정부 밑에서 일하는 하급 하인. 집안 청소나 난로 관리를 담당한다. 상위 하우스 메이드는 자신의 시녀를 데려오지 않은 손님이나 영애들의 곁에서 시중을 들기도 했다.

요리사(Cook)

상급 하인. 부엌에 군림하며, 가족의 식사를 조리한다. 식재료를 구입하고, 지불한다. 남성 셰프는 무척 급료가 비쌌기 때문에, 대부분의 집에서는 임금이 싼 여성 요리사를 고용했다.

키친 메이드(Kitchen maid), 스컬러리 메이드(Scullery maid)

하급 하인. 키친 메이드는 요리사의 밑에서 조리를 보조한다. 그리고 그 다음으로 스컬러리 메이드가 있는 집도 있었으며, 설거지장(스컬러리)에서 조리 기구와 식기를 닦고, 레인지를 손질하고, 식재료 밑 준비 등 더럽고 힘든 노동을 담당했다.

시녀(Lady's maid)

상급 하인. 부인의 곁에서 시중을 드는 개인용(Personal) 메이드. 드레스나 모자 관리, 머리 묶기, 미용 전반을 담당한다. 딸들을 돌보는 건 젊은 영애 담당(young lady's) 메이드를 고용하거나, 하우스 메이드, 너스 메이드 등이 겸임하는 경우도 있었다.

내니(Nanny)

어린 아이들을 돌보는 상급 하인. 하급(under) 너스나 보모(Nursery) 메이드, 아니면 너스 메이드라 불리는 부하에게 잡무를 맡겼다.

가정교사(governess)

개인 주택에 같이 살면서, 공부와 예의 작법, 몸가짐 등을 가르치는 여성. 19세기부터 20세기까지는 숙녀 교육을 받고 자랐지만 가족의 재산이 없는 중류 계급 여성이 되는 경우가 많았다. 노동자 계급인 하인과는 신분이 달랐고 가정부의 명령을 받는 입장은 아니지만,

자신보다 약간 계급이 위인 사람들에게 고용되어 돈을 받고 노동을 한다는 미묘한 입장.

남성 하인

집사(Butler)

상급 하인. 주류를 관리하는 책임을 지녔다. 부하인 풋맨(Footman)을 감독하며, 식탁에서 급사 및 은식기를 관리한다. 실내의 남성 스태프의 리더이며, 가령(家令, Steward)이라는 더 상위 랭크가 없는 대부분의 대저택에서는 하인 전체의 탑 위치에 해당된다. 그 경우, 가령의 직무인 스태프 임명과 해임, 급여 지불, 경비 관리도 집사의 담당이었다.

종자(Valet)

남성 주인의 시중을 드는 상급 하인. 의복 관리가 주된 업무로 여행에도 대동했으며, 짐 꾸리기 및 각종 준비를 책임졌다. 소규모 세대에서는 '집사 겸 종자'로서 2개의 직책을 겸임했다.

풋맨(Footman)

하급 하인. 주인이 내린 화려한 옷을 입고 손님을 대응하거나, 마차로 외출할 때 동행, 식탁에서 급사 일을 한다. 접객 업무가 없을 때는 집사와 함께 은 식기 손질에 종사했다.

마부(Coachman), 말 사육 담당자(Groom)

실외 하인. 마부는 마차 조종 및 손질을 담당한다. 말 사육 담당자는 말 손질과 조교를 담당하는 돌보미. 자동차 시대에는 전속 운전수(chauffeur)도 고용했다.

정원사(Gardener)

실외 하인. 채소밭이나 온실, 과수원을 손질하고, 집에서 재배한 채소와 과일을 부엌에 제공한다. 정원사가 부인이나 영애와 상담해 실내에 꽃꽂이를 하는 집도 있었다.

❀ 중간 규모 세대의 가사 하인의 집합 사진. 제복 차림의 사람과 메이드 차림의 사람들을 볼 수 있다. 1890년경.

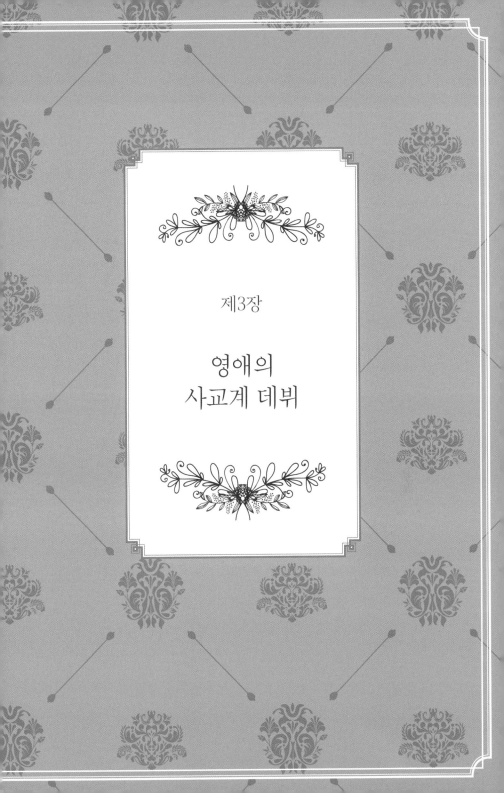

제3장

영애의
사교계 데뷔

조지 5세와 메어리 왕비를 알현하는
모습. '런던의 사교 캘린더' 1910년대.

🌸 내린 머리를 올릴 때

　아이에서 젊은 여성으로의 변신은 극적일 정도로 갑작스럽
게 일어났다. 금색 머리카락은 어제까지 등 뒤로 늘어뜨려져
있었는데, 오늘 그 머리카락은 '업'되어 내가 말할 때는 '그리스
풍 많은 머리', 동생이 말할 때는 '티팟 손잡이' 풍으로 정리되었

다. 그와 동시에, 스커트 자락은 지면에 닿을 정도가 되었다. 계단을 내려가는 발목에 나의 첫 번째 롱 드레스가 휘감겨 희미하게 옷이 쓸리는 소리가 났고, 갑자기 내 다리가 전혀 보이지 않게 되었기 때문에 오싹했던 감각을 지금도 기억하고 있다. 그리고 격렬한 고통도 느꼈다. 무책임한 아이라는 증표였던 내린 머리와 작별을 고해야만 했기 때문에. 길고 진지한 가족회의도 열렸다―그 당시의 어머니란 사람은 이런 중요한 일을 토의할 정도의 여유가 잔뜩 있었으니까. 의제는 너무 뻣뻣해서 답이 없는 나의 머리카락을 어떻게 묶을 것인가, 어디를 어떻게 하면 확실하게 차분해질까에 대한 것이었다. 50개 정도의 머리핀을 꽂아도 잘 정돈되는 일은 흔치 않았다. 나는 슬퍼졌다―이상했던 걸까?―그런데도, 모두가 보면 알 수 있는 승격의 징표를 얻었다는 것에 흥분하고 있었고, 가슴 속에서는 미래를 축복하는 밝은 종소리가 울려 퍼졌다. 하지만 그건 확실히 과거를 매장하는 장례식의 종소리이기도 했다.

(신시아 애스키스 『추억과 기쁨』 1952년)

'마법의 창문'이 열릴 때, 영애들은 사교계로 나갈 미혼 여성(debutante)으로 변신한다. 각 집안의 사정에 따라 다소 시기가 달라지기는 하지만, 내린 머리를 그만두고 머리를 올리고, 긴 스커트를 입는 통과의례는 대개 17세가 기준이었다. 소박한 공부방에서 나온 그녀

들의 앞에 펼쳐진 것은, 열이 오를 정도로 현란한 런던의 무도회, 즉 사교계이다. 마법의 지팡이를 휘두르는 '착한 요정(Fairy Godmother)'은 어머니이거나—아니면 문자 그대로 '대모(Godmother)'인 아주머니 중 누군가일지도 모른다. 영애가 데뷔할 때 나이가 있는 여성 친족의 인도는 필수였다.

🌸 데뷔 전의 예행 연습

공부방을 나와 갑자기 런던 사교계 한 가운데로 직행하는 소녀도 있을 테지만, 가능하다면 그 전에 마땅히 해야 할

🌸 주최자 부인 '당신처럼 젊은 분이 저처럼 나이 많은 사람과 파트너를 해야만 하다니, 정말 유감이네요.' 젊은 공작 '높은 지위에 따라다니는 페널티라는 거지요.' 『펀치』 1896년 7월 18일. 지위 순서로 파트너가 되는 것은 절대적이었고, 좋고 싫음은 용납되지 않았다.

🌸 이제 막 데뷔한 영애. 『펀치』 1877년 12월 1일. 스커트는 길고, 목둘레는 깊이 파였고, 소매는 짧고, 머리는 올렸으며, 장갑을 끼고 부채를 손에 든 이브닝 드레스.

경험을 쌓아두면 안심할 수 있다.

제4대 리틀턴(Lyttelton) 남작의 딸로 태어난 루시 캐번디시(Lucy Cavendish)는, 17세 생일을 맞이하기 몇 달 전부터 준비를 시작했다. 1858년 6월, 그녀는 부친과 함께 런던으로 가 우스터 주교와 만찬을 함께 했다. 루시는 방을 나설 때 인사를 받았고, 주교가 팔을 빌려주며 만찬실로 인도해주었다.

당시의 정식 매너는 만찬회 참가자들은 우선 응접실에 모여 담소를 나눈다. 적당한 시기에 집사가 '만찬 준비가 다 되었다'는 것을 알리면, 지위에 어울리는 상대와 짝이 되도록 자연스럽게 유도되며, 그 집안의 주인을 선두로 순서대로 만찬실로 이동해 거기서 또 순서대로 착석하게 된다. 즉, 접대하는 쪽의 주인(Host)인 주교가 루시에게

🌸 사교기에 쓸 런던의 집 찾기. 좀 좁은 것 같지만, 파티에서 손님을 압도할 훌륭한 계단만 있으면 어머니는 만족. 『펀치』 1886년 4월 24일.

팔을 빌려주어 파트너가 되었다는 것은, '정식 데뷔'도 하기 전인 젊디젊은 16세 소녀가 여성 필두의 주빈으로서 어른 취급을 받은 것이다. 루시는 기뻐서 어쩔 줄 모르는 심경을 일기로 남겼다.

그리고 그녀는 9월에 17세가 되었고, 자택 '허글리 홀'의 인근에 있는 지주 댁에 머물게 된다. 긴장하면서도 하우스 파티를 이겨내고 안심한 것도 잠시, 이번에는 사촌형제의 집에 머물게 된다. 처음으로 돈을 걸고 하는 트럼프 놀이와, 음악 모임을 즐기고 10월에 귀가했다.

12월에는 아버지와 함께 유명한 '스투어 브리지(Stourbridge)' 저택에서 첫 번째 무도회를 맞이한다. 댄스는 심야까지 계속되었고, 아

✿ 시녀가 허리받이(bustle)를 달아주는 어머니의 포즈를 흉내 내며, 조금이라도 어른으로 보이고 싶은 딸. 『펀치』 1885년 9월 19일. 머리는 아직 늘어뜨리고 있으며, 스커트는 짧다.

이들 방이나 공부방에서는 용납되지 않았던 밤샘, 아침에 자는 것도 당연한 일이 되었다. 그리고 다음 해인 1859년 5월, 루시는 다시 한 번 런던으로 가 '정식 데뷔'를 하게 된다.

이처럼 17세 전후에 달한 영애들은 친척이나 이웃 저택을 방문하거나, 지인을 통해 높은 분들과 만나거나, 지역 사냥 무도회에 참가하는 등 소규모의 모임에서 사교술의 실기 연습을 쌓으며 정식 데뷔에 대비했다.

🔹 남성들의 경우는 '접견회'라 불리는 의식에 참가한다. '런던 사교 캘린더' 1910년대.

🔹 왕궁에서의 배알

　그럼 대체 뭘 하면 '정식으로' 데뷔한 것으로 여겨지는 걸까. 귀족이나 지주의 딸들에게 그 증표가 되는 것은 '왕궁에서의 첫 배알(pre-sentation at court)', 즉(여왕의 치세라면), '여왕의 응접실(Queen's drawing room) 외에는 없었다. 공부방을 막 나온 영애들은 이미 한 번 배알을 마친 모친이나 기혼 친족 여성들에게, 궁전이나 왕과 여왕, 또는 그에 준하는 왕족을 소개받았다. 이렇게 화려한 격식을 차린 예의를 다함으로써, 한 사람의 어엿한 숙녀로 인정받게 된다.

당시의 에티켓 북, 여성용 입문서, 사교계 안내서에는 당연한 것처럼 '여왕의 응접실'의 작법에 한 장을 할애하고 있다. 『상류 사회의 매너와 룰』(제16판, 1890년)에 의하면, 배알을 하려는 여성은 2일 전까지 왕실 장관(Lord Chamberlain)에게 자신과 소개자의 이름 외에, 필요한 정보를 기록해 서면으로 신청해야만 했다. 그렇게 하면 아버지나 남편의 지위를 기초로, 가, 부 심판이 내려진다.

이 책의 저자인 익명의 '어떤 귀족 일원'에 의하면, '배알을 하려는 여성은 매년 증가 일변도를 걷고 있다', '옛날에는 자타공인으로 인정받은 높은 지위의 인간만 허용되었던 것을, 최근에는 배알의 영예를 받기에는 사회적 지위가 너무 낮은 그런 사람들도 인정을 받고 있다'는 모양이다.

1890년대 책에 배알 가능한 직업으로 들은 것은, 귀족과 지주를 필두로, 사관, 성직자, 법률가와 의업 등 전통적인 전문직을 시작으로, 은행가나 금융업도 받아들여지고 있었던 모양이다. 소매업이나 제조업 등의 '장사'에 자신이 관여하는 자는 용납되지 않았다. 단, 그 아이들 대에서 장사와 관계없이, '부, 교육, 인맥'을 몸에 익히면 거부당하지 않았다고도 한다. 즉, 배알이 이루어질 것인지 아닌지는 상류 사교계에 받아들여지는 신사숙녀인지 아닌지를 나타내는 하나의 기준이 되어 있었다.

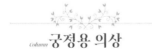

궁정용 의상
Column

　왕궁에 들어갈 때 무엇을 입어야 하는지에 대한 규정은 왕실 장관
에 의해 엄밀하게 정해져 발표되었다.

　스스로도 귀족 사회의 일원이었던 레이디 콜린 캠벨(Colin Campbell)의 에티켓 북에서 상세한 내역을 보도록 하자.

숙녀의 궁정용 의상은 페티코트, 윗도리(bodies, 드레스나 블라우스 위에 입는 윗도리-역주), 트레인(Train, 여성용 예복 등의 옷자락. 특히 드레스 뒤에 길게 끌리는 옷자락을 말함-역주)으로 구성됩니다. 페티코트는 실크제, 튈이나 레이스에 장식을 단 긴 것으로, 실은 평범한 무도회용 드레스의 스커트와 비슷합니다. 윗도리는 가슴팍이 굉장히 깊게 파였고, 소매는 짧고, 페티코트와 같은 소재로 만들며, 소매 가장자리에도 같은 장식을 답니다. 트레인은 굉장히 길고 폭이 넓으며, 허리 또는 어깨부터 늘어뜨립니다. 트레인은 드레스의 다른 부분보다도 훨씬 비싸고 아름다운 소재를 이용해 만듭니다. 벨벳 또는 새틴 중 하나를 선택해 레이스로 가장자리를 장식하고, 이것과 어울리도록 깃털이나 꽃장식을 답니다. 머리 장식은 깃털과 레이스를 늘어뜨리거나(Lappet), 아니면 하얀 튈 베일을 조합합니다. 거기에 머리카락에는 다이아몬드나 기타 보석을 장식합니다. 그 외의 옷 장식 —구두, 부채, 장갑은 흰색이어야만 합니다. 이것들이 모두 모였을 때, 비로소 최예장(最禮裝, Full-dress)이 되는 것입니다.

(레이디 콜린 캠벨 엮음 『상류 사회의 에티켓』 1893년)

짧은 소매에 장갑, 깊게 파인 가슴팍과 긴 치맛자락은 현재도 최상급 예장이다. 바닥에 끌리는 '꼬리' 부분에 특히 더 고가이자 고급인 소재를 사용하는 것은 조금 이상하게 느껴지기도 하지만, 이 천은 1890년대 당시 '3야드(2.7 미터) 이상'이라는 규칙이 있었던 모양이기에, 아무리 움직이기 힘들다 해도 소중했을 것이다.

✿ 1897년 5월 11일의 '빅토리아 여왕의 응접실'에서 착용한 드레스의 배리에이션. 여성 잡지 『더 퀸』 게재.

하지만 『오늘의 런던』(1893
년)의 어드바이스에 따르면,
예를 들어 드레스 코드를 몰
랐다 해도, 런던의 웨스트엔
드에 있는 일류 드레스 장인
의 가게나 중정용 여성 소품
점에 가면 점원들이 훨씬 더
잘 이해하고 있기 때문에 맡
겨버리면 된다고 한다.

이처럼 유명한 가게에 가
거나, 아니면 익숙한 드레스
메이커를 불러 세심하게 주
의를 기울여 맑은 날 입을 드
레스를 만든다. 하지만 백작
가 영애인 신시아 애스키스
는 그 과정에서 엄청난 두근
거림을 느꼈던 모양이다.

신시아 애스키스가 에드워드 7세 시대에
데뷔했을 때의 궁정용 의상.

그럼 다음은 끝도 없고 짜증나는 시착 시간. 내가 오른발, 왼
발하며 체중을 옮겨 싣고, 따분해서 몸을 움찔거리며 서 있자
니, 거만하고 진지한 척하는 여성들이 입 한 가득 핀을 물고,
줄자를 목에 두르고, 내 발쪽에 무릎을 꿇고 논쟁하면서, 요소
요소에서 사실은 그다지 관심이 없어보였던 우리 어머니에게

호소하고 있었다.

'그렇지, 너무 꽉 끼네'라며 우유부단한 어머니가 평소와는 달리 단호하게 선언했다.

'꽉 낀다고요?'라며 모욕당한 것 같은 느낌으로, 재봉사가 입에 문 핀 사이로 우물거리며 말했다. '저는 너무 헐렁하다고 생각했는데요!' (이하 생략)

이제 막 정돈한 물결치는 머리카락에, 하얀 타조의 깃털을 3개 끼우니 우리 집 주방장과 그 부하들이 '어머나~~, 신시 아가씨가 마치 다른 사람이 되어버렸네요!'라고 말했다. 그녀들은 소용돌이치는 하얀 바탕의 쪼글쪼글한 크레이프 천(crêpe de Chine)으로 만든 드레스가 내 몸을 단단히 묶는 것을—그렇다, 정말로 문자 그대로 단단히 묶었다—, 그리고 길고 아무래도 벅찬 트레인(Train)이 나의 너무 넓은 어깨에 달리는 것을 구경하고 있었다. '불쌍하게도, 저렇게 하나도 안 어울리는 깃털 같은 걸 달아야 하는구나!'

(신시아 애스키스 『추억과 기쁨』 1952년)

하얗게 소용돌이치는 드레스, 머리에 장식된 하얀 깃털 장식, 그리고 길고 긴 트레인. 드레스 색은 특히 사교계로 나갈 미혼 여성(debutante)이라면 반드시 흰색으로 정해져 있었다. 다만, 머리카락에 장식하는 깃털은 입문서를 확인해보니, 아무래도 '기혼 여성은 3개, 미혼 여성은 2개'로 정해져 있었던 모양인데, 신시아의 기억이 잘못된 것인지도 모른다.

✿ 준남작 영애 메어리 캐서린 벨. 1899년에 왕궁에서 데뷔했을 때의 사진.

🌸 이제 버킹엄 궁전으로

1890년 『상류 사회의 매너와 룰』을 중심으로 참조해, 당시의 데뷔턴트가 체험한 배알의 날의 흐름을 재구성해보자.

오후 2시 30분이나 3시, 훗날 에드워드 7세 시대 이후에는 밤에 '응접실'이 열린다. 정장을 차려입은 데뷔턴트들은 마차에 타고 왕궁으로 향했다. 외국 사절들, 각료와 그 부인, 그리고 왕실 관계자들은 우선해 입장할 수 있는 '앙트레(entree)'라는 특권이 있었다.

공작 영애인 레이디 다이애나 쿠퍼의 자서전에 의하면 그녀가 1911년 조지 5세 부부를 배알했을 때, 모친인 래틀랜드 공작 부인 바이올렛은 이 '앙트레'의 특권을 사용할 수 있었다. 첫 번째 아이의 수유 기간에 왕실에 갔을 때, 빅토리아 여왕으로부터 인정을 받은 것이다. 이 권리는 한 번 얻으면 왕이 바뀌어도 유지되었던 모양이다.

🌸 제임스 제뷰사 샤논 「래틀랜드 공작 부인 바이올렛, 1890년」. 사교계의 미녀로서 19세기 말에 수많은 잡지와 신문에 사진이 게재되었다. 그녀 자신도 화가로서 활동했다.

✿ 버킹엄 궁전의 대계단. 『더 그래픽』 1895년. 흰색만이 아니라 검은색 벨벳을 몸에 두른 여성의 모습도 보인다.

특별한 우선권을 부여받은 자 이외에는, 귀족이라면 선착순이었다. 19세기 말이 되자 여왕은 고령이 되어, 1시간 반 정도 모임을 주최하면 그 후에는 왕태자비 알렉산드라에게 맡기고 퇴석했다. 꼭 여왕 폐하 본인을 만나고 싶다면, 최대한 빨리 도착하는 수밖에 없었을 것이다. 하지만 아무래도 다들 생각하는 게 똑같았던 모양이라, 배알할 수 있는 날의 버킹엄 궁전 앞의 길은 의례용 마차로 대혼잡을 이루었다.

마차의 정체를 빠져나가도, 우리의 데뷔턴트의 시련은 계속된다. 그녀는 왕실 장관 사무국에서 사전에 입수해둔 2장의 카드에다, 자신과 소개자의 이름을 확실히 적어 가지고 있을 것이다. 트레인(Train)을 왼손으로 안고 버킹엄 궁전의 대형 홀을 가로질러, 장대하고 아름다운 대계단을 오른다. 그 앞에 있는 수습 기사(Page)에게 이

🌸 트레인을 펼치며 줄지어 알현 순서를 기다린다. 1891년.

름 카드 한 장을 넘겨준 후, 다른 참가자와 함께 담화실(Saloon)에 들어가 호출을 기다린다.

순서가 되면 알현실로 연결된 회화로 장식된 큰 홀(Picture Gallery)로 들어간다. 이때 오른손의 장갑을 벗어두며, 입구에 대기하던 두 사람의 담당관이 지팡이를 이용해 안고 있던 트레인을 펼쳐준다. 여기서부터는 긴 치맛자락과의 격투다. 알현실 입구 앞에서 남은 카드를 넘겨주면, 드디어 알현할 시간이다. 카드가 전달되고, 왕실 장관이 그녀의 이름을 읽는다.

🌸 왕실 사람들이 기다리는 방으로 들어가는 모습. 1898년.

🌸 트레인과의 격투

여왕 폐하의 앞으로 나아가, 절을 하듯이 깊숙하게 정식으로 예의를 갖춘다(curtsy, 여성이 서 있는 자세에서 한 쪽 다리를 뒤로 살짝 빼고 무릎을 약간 구부리며 하는 인사-역주). 만약 첫 번째 알현하는 그녀가 귀족의 영애라면, 여왕 폐하는 뺨이나 이마에 키스를 해주실 것이다. 그 외라면 여왕이 내민 손을 미리 장갑을 벗은 손으로 아래에서 받치며, 손등에 정중하게 키스한다.

여왕 폐하에게 인사를 마치면, 그 자리에 있는 왕실 사람들에게 각각 정식으로 인사를 올린다. 그리고 '뒷걸음으로' 물러가, 방을 나설 때까지 여왕 폐하에게 등을 향하지 않도록 걸어 문으로 돌아가야 하

🌸 여왕 폐하의 손을 잡고 조용히 예를 표한다. 1898년.

며, 트레인은 그때까지는 들어 올리지 말아야 했다.

　—여기까지의 기술은 어디까지나 에티켓 지도서의 기술을 기초로
한 이상적인 흐름이다. 4미터 가까운 트레인을 끌며 다른 참가자와 스
쳐 지나고, 엎드리고, 뒤로 물러나고, 방을 나가는 것은 상상하는 것
만으로도 어렵고, 특별한 강사에게 몸가짐 레슨을 받을 필요가 있었

다. 실수가 없도록 얼마나 열심히 연습하고, 불안한 나날을 보냈을까.

하지만 아무리 준비를 한다 해도, 가혹하게도 인간은 실수를 하고 만다. 데뷔턴트들의 불안을 달래주기 위해서인지, 아니면 오히려 부추기려는 건지, 1902년의 잡지『레이디의 왕국』은 '어떤 귀족의 영애'가 말하는 실수담을 게재했다. 그녀는 인파에 휘말려 '3명인가 4명에게' 치맛자락을 밟혔고, 알현실에 들어갈 때쯤엔 손에 들었던 부케는 반쯤 시들었으며, 드레스는 참담한 상태가 되어 있었다고 한다.

1874년 5월에 '응접실'에 도전했던 콘스탄스 웰드도, 여왕 폐하의 손을 살짝 받쳐야 함에도 착각하는 바람에 '꽉 쥐어버렸다'고 말했다. 정체나 인파도 심각했는지, 그녀는 낮 12시 30분에 집을 출발해서 저녁 6시 30분까지 돌아오지 못했다.

에드워드 7세 시대가 되면 배알 후에 지쳐버린 참가자들을 위해 빅토리아 여왕 시절에는 좀처럼 볼 수 없었던 가벼운 음식이 준비되게 되었다. 그렇다고는 해도 공복이라기보다는 달성감으로 가슴이 벅찰 것이 틀림없는 데뷔턴트들이 궁전을 마다하고 향한 곳, 자택이 아닌 화려한 옷을 입은 모습을 촬영하는 사진관이었다. '응접실'이 열리는 날, 런던의 사진관들은 이 수요를 놓치지 않기 위해 심야 3시까지 여는 곳도 있었다.

배알의 날을 축하하는 차 모임(Train Tea)을 하고 나면, 그녀들은 초여름의 런던 사교기에 본격적으로 참가하게 된다. 왕실에서 틀림없이 양가의 딸임을 인정받았다는 사실을 교제하기에 어울리는 사람들 사이에 널리 퍼트려야만 한다. 우선 자신의 모습을 수많은 사람들에게 피로하지 않으면 안 된다.

🌸 귀족이나 유명인의 초상으로 잘 알려진 라파예트 스튜디오에서
찍은 데뷔턴트들의 기념사진. 1898년.

🌸 데뷔턴트의 일상

1884년생인 공작 영애 레이디 뮤리엘 벡위드는 저서『생각해보면』
에서, 20세기 전환기 런던의 데뷔턴트로서 어느 하루의 행동 스케줄
을 기술했는데, 요약하면 다음과 같다.

아침부터 오전 중에는 리넨이나 모슬린, 담황색 울로 만든 옷을 입
고 하이드파크의 로튼 로우를 산책한다. 전날 밤의 무도회가 어땠는
지, 데뷔턴트끼리 정보를 교환한다.

11시 30분에는 하이드 파크 코너나 알버트 게이트로 쇄도해, 병영
으로 돌아가는 위병을 구경한다—전날 밤의 무도회에서 춤췄던 상
대를 찾아보고, 자신에게 경례를 해주지 않을까 하는 작은 기대를 품
으면서.

🌸 예절 연습도 처음에는 잘 되지 않았다. 캐나다 출신 저널리스트 사라 재닛 던컨의 체험기 『런던의 미국 소녀』 1891년에서.

점심 식사는 반드시 오후 2시로, 이때 오후용 드레스로 갈아입는다. 부모나 감시역(Chaperone) 친척, 자매 등에게 이끌려 전날 밤 무도회의 개최자 등을 '방문(Calling)'하고, 명함을 두고 돌아온다.

'오후 이동은 항상 마차였습니다. 이 시간에 자신의 다리로 걷는 모습을 보이는 건 말도 안 되는 일이죠.' 차를 마신 후 다시금 하이드 파크를 산책하고, 만찬 전에 옷을 갈아입기 전까지 앉아서 시간을 보내고 돌아갔다.

만찬은 8시 15분. 무도회에 갈 때는 밤 11시. 무도회장에는 따로 가벼운 음식을 준비해두는 방이 준비되어 있는 것이 보통이었지만, 그녀의 말에 따르면 데뷔턴트들은 술은 금물이었고, 당시에는 아직 칵테일도 일반적이 아니라 '달콤한 레모네이드나 스트로베리 아이스

크림으로 분위기를 내는 게 고작'이었던 모양이다.

참고로 비슷한 시기인 에드워드 7세 시대의 데뷔턴트였던 수잔 트 위즈뮤어가 기억하는 무도회의 음식은 '맛있는 콘소메와 몇 가지 과 일과 커피 아니면, 좀 더 배를 채울 수 있는 메뉴인 경우는 메추라기

🏵 하이드 파크 옆, 켄싱턴 가든스에서 아침 산책을 즐기는 상류 사교계 사람들.『런던의 사 교 캘린더』1910년대.

대규모 무도회의 간단한 식사(supper) 모습. 목표 여성을 위해 자리를 확보하는 것은 신사의 의무였다. 『하퍼즈 먼슬리』 1885년.

사교계의 레이디는 요일을 정해 오후의 차 시간에 예고 없이 친구의 방문을 받았다. 인기 있는 집은 대혼잡이었다. 『런던 생활』 1902년.

나 커틀릿을 젤리처럼 굳힌 것, 그리고 아이스크림이었어요.' 댄스로 불이 붙은 젊은 여자의 몸에 아이스크림은 필수 메뉴였던 모양이다.

그리고 춤으로 밤을 지새운 레이디 뮤리엘의 귀가는 심야 3시가 되어서였다. 엄청나게 하드한 스케줄 같기도 하지만, 공원에서 잘생긴 남자를 감상하는 여유도 있었고, 오후에는 의외로 무료한 시간도 발생했던 모양이다. 기술에 때때로 등장하는 '무도회'는 데뷔턴트들에게 있어 특히 중요한 모임이었다. 사람마다 다르긴 하지만, 뮤리엘의 경우는 '특별한 일이 없는 한 1주일에 3회가 한계'라 적혀 있다.

🍧 귀족의 영애에게 대접하는 아이스크림과, 하나에 반 페니에 길거리에서 팔리던 아이스크림의 격차. 『카인드 워즈』 1878년.

🌸 멋진 타운하우스의 무도회. 『런던 소사이어티』 1863년.

🌸 무도회의 시련

레이디 뮤리엘 벡위드가 처음으로 만든 무도회용 드레스가 어땠는가 하면, '귀여운 거였어요. 하얀 튈 레이스를 뒤덮은 삼단 티어드 스커트로, 각각의 치맛자락에는 무수한 장미꽃이 장식되어 있었습니다. 짧은 소매에도, 옷깃에도 장미. 거기에 핑크색 새시를 두르고 있었죠.' 손수건은 어머니에게 물려받은 발랑시엔 레이스(Valenciennes lace). 작은 진주 단추가 한 줄로 배치된 하얀 새끼 염소 가죽(kid) 장갑은 굉장히 꽉 끼어서, 준비를 도와주던 내니가 억지로 잡아당겨서 끼워야 했다고 한다.

인생 최초의 무도회에 이 '장미꽃 드레스'로 임했을 때의 일을, 레이디 뮤리엘은 이렇게 기록해 두었다.

❀ 무도회용 드레스. 왼쪽은 크림색, 오른쪽은 하늘색으로 옅은 색을 선택했다. 『라 모드 일뤼스트레(la mode illustre)』 1886년 12월.

하지만 이렇게 자질구레한 것들은 전혀 괴롭지 않았어요. 첫 번째 무도회라는 매혹 앞에서는 모든 것이 희미해져 버리고 말거든요. 어머니에게 물려받은 그때의 부채는, 지금은 유리 케이스에 넣어서 제 방에 장식되어 있습니다.

지붕 없는 사륜마차(landou)로 무도회로 갔습니다. 감시역(Chaperone)은 언니 이블린으로, 굉장히 상냥하게 대해준 걸 확실하게 기억합니다. 줄이 생길 정도로 많은 젊은 남성들을 차

레로 소개받았는데, 그 사람들은 마치 희미하고 애매하지만 가슴이 두근두근거리는 듯한, 유령 무리와 비슷하게 보였습니다. 그 당시에는 한 곡이 끝나고 다음 댄스가 시작되면 정말 고지식하게도 감시역이 있는 곳으로 다시 돌려놓았습니다. 귀가 시간은 늦을 때는 밤 2시 30분, 보통은 1시 30분에는 데리고 돌아갔습니다. 아직 2곡 더 춤추기로 한 약속이 남아 있다고 같이 와 계셨던 아버지에게 슬프게 호소했던 적도 있었지만, 대답은 '내버려 두거라. 돌아가자. 놓쳤다고 생각하게 하는 것도 나쁘지 않다'였습니다. 그리고 아마도 아버지가 옳았던 것 같습니다.

(레이디 뮤리엘 벡위드『생각해보면』1936년)

'비슷한 나이의 젊은 남성과 3회 이상 춤추는 것'은 매너 위반이라 꾸중을 들었다고 한다. 이것은 당시의 일반적인 매너였던 모양이다. 뮤리엘의 경우는 부친이 밀당을 지도해주었지만, 대부분의 경우는 어머니나 여성 감시역이 춤출 상대를 지정하고, 소개하고, 파트너가 끊이지 않도록 주의를 기울였다.

🌸 '벽의 꽃'의 공포

파트너가 끊기는 것, 무도회에서 아무도 댄스를 신청하지 않는 것—'벽의 꽃'이 되는 것은 데뷔턴트에게 최대의 공포였던 모양이다. 수잔 트위즈뮤어는 이렇게 말했다.

🌸 아빠 '오전 3시다, 슬슬 돌아가자' 폴리 '아직 약속이 2번 더 남았어요' 아빠 '브라운 가는 이미 오래 전에 돌아갔지만, 딸은 불평하지 않았어' 폴리 '그치만 그 사람들은 아직 장례가 끝나지 않았잖아요. 네? 아빠!' 아직 춤이 부족한 딸. 『펀치』 1882년 1월 7일.

저희가 옛날 무도회에서 맛보았던 시련은, 지금 사람들에겐 전해지지 않을 거예요. 제 딸의 시대에도 이미 완전히 변해 있었죠. 1920년대에는 만찬 후 댄스라는 관습이 정착해 있었고, 아가씨들은 젊은 남성의 '수반자(隨伴者, Partner)'로 함께 밖으로 나가도록 되어 있었으니까요. 제가 어렸을 때, 충분한 춤 상대 (Partner)를 끌어들이지 못한 저 같은 아가씨들은 감시역과 함께 긴 의자에 앉아 있었죠. 감시역은 '더 밝게, 활기차게 있으렴'이라며 상냥하게 말했지만, 저희는 '벽의 꽃'이라는 무서운 말이 잘 어울린다는 것을 뼈저리게 느끼고 있었습니다.

(수잔 트위즈뮤어 『에드워드 시대의 숙녀』 1966년)

🌸 엄마가 너무 미인이라 파트너가 생기질 않으므로, 아빠가 같이 가줬으면 하는 딸. 뒤쪽의 메이드도 가엾게 여기는 듯하다. 『펀치』 1882년 3월 18일.

비꼬기와 위트에 능했던 신시아 애스키스도, 이 건에 관해서는 아무래도 두 손 든 모양이다.

젊은 남성에게는 누구든 차별하지 않고 대할 것을 강요받은 것도 굉장히 싫었다. 여자들은 모두—나는 그런 적이 없었지만—누구에게든 평등하고 붙임성 있게 대해야만 한다. 그 사람이 댄스를 신청할지도 모르기 때문에. 굴욕적인 사실은, 무도회장 안에서는 어떤 남성이든 없는 것보다는 낫다는 것이다. 한곡이라도 파트너가 없는 처지가 된 여자에게, 세계는 마치 바위에 묶여 있던 안드로메다처럼 괴로운 장소로 변해버리고 만다. 그렇기 때문에, 아무리 인격적으로 인상이 희미한 남성이라 해

🌸 파트너가 마음에 들지 않아서. '스톱, 저쪽 분이 춤추질 않으시네요. 교대해요' 무도회 주최자의 영애에게는 한 번은 신청하는 것이 매너. 심지어 미인이라면, 상대는 마음껏 버려도 된다? 『펀치』 1883년 4월 21일.

도, 아니면 머리가 텅 비어 보인다 해도, 이 고난에서 구해주기
만 한다면 페르세우스처럼 대환영하게 되었다.

　　(신시아 애스키스 『추억과 기쁨』 1952년)

　에드워드 7세 시대에 데뷔턴트였던 자신을 회상하는 신시아의 글
은 때로는 재미있고, 때로는 최악이었다며, 냉정했다. 마음이 맞지
않는 상대에게 잡혀 '살충제 병에 갇힌 나방이 된 기분'에 빠지거나,
'이렇게 많은 그릇을 설거지해야 하는 스컬러리 메이드는 지금 뭘 하
고 있을까' 등 분노를 느끼며 즐기지 못하거나, 그런가 하면 기분이
우쭐해져 있을 때는 완전히 쾌락주의자로 변신해 '인생의 불평등 따
위는 기억에서 깔끔하게 사라져버리는' 경우도 있었다.

🌸 왕궁 무도회 다음 날 아침, 어떤 신문에도 자신의 이름이 나와 있지 않다! 마치 인생이 끝나버린 듯한 기분. 『펀치』 1889년 6월 8일.

아직 17, 18세인 여자아이들이다. 소박한 공부방에서 눈부시게 아름다운 사교계로 나가게 되면, 현기증 같은 감각의 습격을 받을 것이다. 다만 궁전에서 배알하고 무도회에 참가하는 것만으로는 아직 스타트 지점에 불과하다. 벽의 꽃을 두려워하는 것도, 미남을 물색하는 것도, 치장한 모습을 남들에게 보여주는 것도, 다음 단계로 가는 스텝에 불과하다—목표는 로맨스와 결혼이다.

제1장

영애의
'로맨스'

✿ 만찬 후, 남성들이 합류하기를 안절부절 못하며 기다리는 어린 아가씨와 연상 여성.
『런던 소사이어티』 1865년.

🔱 감시역의 역할

  나는 이젠 초보자 햇병아리가 아니게 되어, 첫 해에 비하면 선택의 자유를 인정받게 되었다. 그럼에도 아직 전원 지방에 있을 때를 제외하고 남성과 단 둘이 있는 것은 금지되어 있었다. 무도회에서 돌아올 때는 기혼 여성이 함께 움직여야만 했다. 산책이나 쇼핑을 갈 때나, 택시에 탈 때는 언니나 여자가 한 명 있으면 호위로 충분했다. 리시(피카델리의 최고급 호텔)에 갈 수는 있었지만, 런던의 다른 호텔은 갈 수 없었다. 하지만 전체적으로는 자유의 범위가 넓어졌다. 애스콧(런던 교외, 윈저 근처에 있는 경마장. 초여름의 대 레이스는 사교의 장이었다)이나 '젊은 이의 댄스'에 강제로 갈 필요가 없었고, 어느 정도는 나 자신의 의지로 친구를 선택하는 용기를 갖게 되었다. 나는 어머니에게 그런 친구 교제를 인정받고 싶어서 애를 썼지만, 어머니에게는 불가능한 일이었다.

(다이애나 쿠퍼『무지개는 나타나고, 이윽고 사라진다』1958년)

  제8대 래틀랜드 공작의 막내딸, 런던 사교계의 꽃(Socialite)으로 이름을 날린 레이디 다이애나 쿠퍼(Lady Diana Cooper, 1892~1986)는 1911년 조지 5세 부부를 배알하며 데뷔했다. 그 다음해의 활동에 대한 기술이다.

  에드워드 7세 시대가 끝나고, 제1차 세계대전 전야를 맞이한 런던에서도 미혼 여성이 공공연하게 자유로운 활동을 하는 것은 아직 용납되지 않았던 모양이다. 당시의 데뷔턴트들은 우선 예외 없이 '감시역(Chaperone)'이 붙었다. 보통은 어머니나 친척 기혼 여성이 그 역할을 맡았으며, 미혼의 젊은 여성이 가는 곳은 어디든 따라다녔다. 아무리 늦은 시간까지 무도회에 있어도 함께 했으며, 천박한 행동은 하지 않았는지 체크하고 이성과의 교유(交遊)가 너무 과하지 않도록 감시했다.

1900년생인 지주의 영애 비올라 뱅키스(viola bankes)의 경우도, 어머니의 상대 고르기가 너무 지나치다 싶을 정도로 엄격했다. 본인도 사교계의 미녀였던 비올라의 어머니 헨리에타 제니는 '아름다운 여자의 남편이 되기에 어울리는 남성만 초대했다'고 한다.

어머니가 커다란 반지를 낀 손으로(그녀는 에메랄드로 만든 반지, 팔찌와 목걸이 세트를 갖고 있었고, 무도회 때 착용했습니다) 춤추면서 지나가려 하는 저와 불운한 파트너를 제지한 적이 있었어요. 저는 핑크색 비단을 여러 겹 겹쳐 입고, 허리 부분에는 장미 봉우리 꽃다발을 달고 있었습니다.

'안녕히 가십시오!'라고 어머니는 말했습니다.

'하지만 저는 아직 돌아가지 않을 겁니다만'이라며 제 파트너가 말했습니다.

'아뇨, 당신은 돌아가실 거예요!'라는 어머니.

그리고 그는 떠나갔습니다. 이 남성과 함께 있던 여자아이의

✿ 무도회에서. 전형적인 데뷔턴트(좌)와 감시역
(우). 『런던 생활』 1902년.

어머니가 격노해 우리 집에 전화를 했는데, 다음 날 아침 신문에는 그의 사진이 실려 있었습니다. 그 사람은 사기 사건에 연루되어 있었던 겁니다.

(비올라 뱅키스 『킹스턴 레이시 저택의 어린 시절(A Kingston Lacy Childhood)』1986년)

👑 헨리에타 제니 뱅키스. 결혼 직후인 1895년에 촬영된 사진.

17세 안팎의 아직 때묻지 않는 여자아이가 사교계—또는 사회—의 거친 파도 속을 노 저어가려면, '선배'인 여성의 지도가 불가피했다. 비올라 뱅키스는 물론 내니의 교육과 가정 교사(governess)의 지도를 받아 '다부진 체형, 당당한 가슴에 흑옥색(Jet)이나 검은 스팽글(spangle)이 찰랑찰랑거리는' 댄스 교사인 미세스 워즈워스에게 춤을 배웠지만, 그럼에도 실천적인 예의범절을 전수하고, 사귀어야 할 인간을 선별한다는 점에서는 다름 아닌 어머니 헨리에타 제니가 중요한 역할을 담당하고 있었다.

감시역이 어머니라면, 딸을 위한 무대 장치를 만드는 것부터 일이 시작된다. 즉, 초대를 받기만 하는 것이 아니라, 자택에서 취향에 맞는 무도회나 만찬회, 점심 식사 모임이나 애프터눈 티를 개최해, 열심히 방문을 되풀이하며 인맥을 넓힐 필요가 있었다.

❀ 6자매의 사교계 데뷔

자매의 숫자가 많으면 어머니의 업무가 상당히 힘들어진다. 남작 영애인 미트포드 6자매는 1923년 장녀 낸시부터 1938년 막내딸 데보라까지 전원이 사교계 데뷔를 달성했다. 자매의 모친인 시드니는 이 기간 동안, 매우 바쁜 나날을 보냈다.

❀ 불안해 보이는 젊은 어머니가 영애들의 개인용 메이드 면접을 보고 있다. '제가 모신 아가씨들은 다~들 좋은 상대가 정리해주셨답니다' 『펀치』 1877년 4월 28일.

❀ 어째서인지 나이트가운을 입고 무도회에 와버렸는데, 그
것마저도 너무 과하게 입은 것처럼 느껴졌다—라는 무서운 꿈
을 꾸었다. 『펀치』 1920년 1월 7일. 제1차 세계대전 이후의 유
행은 격변했기 때문에, 따라가기가 무척 힘들었다.

낸시의 데뷔 시즌 이후, 시드니는 직접 딸들과 함께 다니게
되었고, 그건 딸들이 차례로 사교계에 데뷔하는 동안 몇 년이
나 지속되었다. 오후 10시 전에 가벼운 저녁 식사를 마치고, 귀
가 후에는 바로 잠들 수 있도록 이브닝드레스를 입은 채로 침
대를 정리하고, 딸들을 모아 준비를 체크하고, 파티에 데려갔
다. 그리고 딸들이 디너와 그 후에 계속되는 댄스를 즐기는 동
안, 아가씨들과 같이 온 다른 여성들과 함께 어느 홀에든 반드
시 벽에 늘어서 있는 빌린 금의자에 앉아서 기다렸다.

(중략)

무도회는 때때로 날이 샐 때까지 계속되었다. 시드니는 밤샘

🌸 '멋진 왈츠였습니다. 이 기분을 어떻게 갚을 수 있을까요?' '어머, 변상 얘기라면 제가 아니라 재봉사한테 하세요!' 마음을 사로잡는 고가의 드레스. 『펀치』 1894년 9월 29일.

을 싫어했지만, 얼굴을 빛내며 자신에게 돌아오는 딸들을 보면 충분히 보상받은 듯한 기분이 들었다. 때로는 딸들이 파티에서 정원으로 빠져나가 근처의 나이트클럽으로 놀러갔다가 돌아오는 등의 일도 있었지만, 그것까지 눈치 채지는 못한 모양이다.

　파티 다음날 아침, 딸들은 다음 밤에 대비해 느긋하게 늦잠을 자는 것이 허용되었다. 하지만 시드니는 8시 반에는 반드시 몸단장을 마치고 조식 식탁에 앉아, 메뉴 및 매일 해야 하는 장보기 리스트를 만드는 작업을 게을리 하지 않았다.

　(중략)

　또, 사교계에 데뷔하는 딸들에게 필요한 대량의 의상을 준비하는 것도, 디너나 댄스 준비를 하는 것도 시드니의 역할이었다. 딸들은 준비한다는 게 그저 무도회실을 열고 적당히 꽂으

🌸 '그런 소름끼치는 드레스를 입고 가려고? 네가 주인공인 무도회인데' '그러니까 그렇지. 오늘 밤만은 다들 나한테 신청하지 않으면 안 되는 걸' 신사라면 주최자 집안의 딸에게는 한 번은 댄스를 신청하는 것이 예의. 『펀치』 1890년 1월 25일.

로 장식하고, 대량의 케저리(쌀, 콩, 양파, 계란, 향신료가 든 인도 요리)를 준비하는 것뿐이라고 생각했을지도 모르지만, 실제로는 엄청나게 힘든 일이었을 것이다.

(메어리 S 라벨 저 쿠리노 마키코, 오오키 미츠코 역 『미트포드 가문의 딸들』 2001년/2005년)

장녀인 낸시가 1920년대에 데뷔 당시에 허용되었던 용돈은 1년에 125파운드로, 그 안에서 옷과 미용, 책값과 교통비, 교제비 등이 포함되어 있었다. 이 금액은 이 집안의 가정교사의 연 수입과 거의 같았고 요리사 부부의 급여보다도 7파운드 많았지만, 그래도 상류 사회의 영애 치고는 부족한 생활이었다고 한다.

좀 거슬러 올라가 에드워드 7세 시대의 데뷔턴트였던 신시아 애스키스는, 데뷔 해의 용돈으로 '100파운드 수표를 받았다. 처음에는 불쾌할 정도로 많다고 생각했지만, 곧 만성적인 적자에 빠져버리고 말았다.' 1900년대, 100파운드가 있으면 메이드 4, 5명은 쉽게 고용할 수 있었고, 절약하면 검소한 저층 중류 계급 집안의 생활도 가능했을지도 모른다. 영애의 데뷔에는 큰돈과 노력이 필요했다.

이렇게까지 눈물 나는 노력을 거듭하는 영애들의 목표는 '좋은 결혼'이었다. 런던 사교기란 1년에 한 번, 초여름에 열리는 양가집 자제들을 위한 결혼 마켓이었다.

🌺 연애 유희의 에티켓

사교계는 처녀를 노리는 늑대들이 우글거리는 위험한 장소, 따라서 항상 호위가 필요하다—는 것은 한쪽 면만 보는 것이다. 감시역(Chaperone)이 하는 일은 남녀 교제를 일률적으로 금지하는 것이 아니다. 신사들이 신부를 찾는 것과 마찬가지로, 영애들에게도 런던 사교계는 '결혼 상대를 낚아채는 사냥터'일 뿐이었다.

감시역들은 자신이 보호하는 영애의 평판—즉 사회적·육체적인 순결—이 상처 하나 없는 상태로 유지되도록 노력한다. 그와 동시에, 적당히 풀어놓아 풋풋한 매력을 끌어내 남성을 불러들이고, 가족으로 만드는 것이 최종적인 골이다. 때로는 엄하게 그물망을 조이고, 때로는 달콤한 말로 부추기며, 로맨스의 결실을 노린다.

🌸 엄마 '밤이 꽤 깊었구나. 식사하러 데려가 준 사람은 있었니?' 아름다운(식욕왕성한) 데뷔턴트 '네, 엄마—몇 명이나요!' 야식을 함께 하는 것도 댄스와 비슷할 정도로 중요한 사랑의 수순이었던 모양이다. 『펀치』 1887년 11월 12일.

예를 들어 19세기 중반, 아직 어렸던 제7대 저지 백작은 마가렛 리에게 첫눈에 반했다. 하지만 그는 댄스를 추지 않았고, 또한 앉아서 대화하는 것도 당시에는 그다지 유행하는 태도가 아니었다. 그래서 마가렛의 감시역이 때로는 무도회실로 가는 통로를 막아서고는, '정원의 가장 안쪽에 있는 다양한 색의 등불은 꼭 보셔야 합니다'라는 식으로 설득해 단 둘이 산책하도록 유도했다. 덕분에 두 사람은 결혼까지 이어졌다고 한다.

어머니들은 딸들의 결혼을 자신의 중대한 역할이라 생각하고, 분주하게 수많은 '로맨스'의 씨앗을 준비해 좋지 않은 상대는 미리 제거하려 했다. 최대한 커다란 가능성의 후보군을 준비해 두고, 딸들을 유도해 자연스럽게 결실을 맺는 모습을 지켜보고 있었던 것이다.

❋ '왈츠나 쿼드릴을…' '죄송해요, 모든 곡이 가득 차 있네요. 식사도 두 번, 다른 분과요. 하지만 3잔째 레모네이드를 약속드리죠' 인기 많은 여인. 『펀치』 1892년 6월 25일.

그런데 '감시역(Chaperone)'을 영어 사전에서 찾아보면, '과거 사교 행사 때 젊은 미혼 여성을 보살펴 주던 나이 든 여인'이라고 정의되어 있다. 하지만 감시역의 역할을 맡는 것이 반드시 여성일 필요는 없으며, 아버지나 형제, 사촌 남성이 에스코트하는 경우도 있었고, 낮에 하는 쇼핑 정도라면 메이드나 가정교사가 함께 하는 경우도 있었다.

예를 들어 프랑스에서 자라고 1868년에 런던으로 돌아와 사교계에 데뷔한 준 남작의 영애 앨리스 마일즈는 남자 사촌 어거스터스가 항상 함께 다니며 하나하나 조언해주었다. 앨리스의 일기에 의하면, 어거스터스는 특별히 행동을 제한하지 않았으며, 정보통 안내역으로서 아름다운 사촌을 부추기는 듯한 역할이었던 모양이다.

1868년 6월 29일 월요일

　사촌 어거스터스의 그림 모델을 해주고 있었더니, 새뮤얼 헤이즈 경인가 하는 사람이 그의 조모인 레이디 페케넘의 무도회 초대장을 가져왔어. 직립부동 상태로 내 머리카락을 바라보는 모습은 참으로 볼만하더라. 너무 심하게 만해서 말을 잃었고, 칭찬 한 마디도 하지 못했어. (중략) 바보처럼 서툴고, 깜짝 놀란 듯한 얼굴로 눈을 부릅뜨고, 방의 한쪽 구석에서 이쪽을 바라보고 있었지. 지금 생각해도 웃음이 터져 나올 것만 같은데, 지금까지 배워 온 예의의 힘을 최대한 쥐어 짜내 참았어.

　이 무도회는 정말 즐거웠어. (중략) 어거스터스가 그 자리에 있던 남자들을 남김없이 소개해줬는데, 파리에 있을 때랑 마찬가지로 상찬을 받은 건 기쁘고 놀라웠어. 솔직히 말해서, 그렇게까지 기대하지 않았거든. 한 사람 한 사람을 소개하기 직전에, 어거스터스는 재빨리 재산과 사회적 지위를 작은 목소리로 속삭여서 알려줬어. 예를 들면 이런 식으로ー'(잘 생긴 캠벨, 대위, 근위 연대, 북부에 멋진 저택 보유, 연 수입 2만 파운드)ー이쪽은 캠벨 대위ー마일즈 양.'

　아무것도 모르고 눈앞에 서 있는 상대를 보고 웃지 않는 건 무척 힘들었어. 이 '잘 생긴 캠벨'은 육군 사관 중에서도 가장 핸섬해서 그렇게 불린다는데, 확실히 빛날 정도로 미형이긴 하더라. 6피트 3인치(190cm)의 장신, 진한 갈색 머리카락, 싹싹한 얼굴생김새, 커다란 보랏빛 눈동자, 길고 진한 눈썹. 연약한 프랑스 남자들에게 둘러싸인 후라 무척 신선했어. 미남을 찾아

❀ 퍼블릭 스쿨에서 돌아오는 길에, 누나의 감시역을 맡게 된 동생. '결혼 같은 거 안 해! 육군 학교로 진학할 거야!'라고 결심했지만, 하룻밤 만에 사랑에 빠져…'육군 그만둘래. 그녀를 부양하기 위해 아버지의 장사를 물려받을 거야.'『펀치』 1883년 6월 30일.

방랑해온 나의 긴 여행도 여기서 종지부를 찍겠네. 태어난 고향의 남성을 보면 볼수록 자랑스러운 기분이 되더라. 이렇게 잘 생긴 남자들이 잔뜩 있으리라곤 생각도 못했거든.

(앨리스 마일즈 저 매기 퍼슨스 엮음『모든 여자 아이들의 의무』1992년)

17세치고는 연애의 달인이라고 해야 할까, 많은 남성들을 그 미모로 농락하며 위세를 떨친다. 미혼이든 기혼이든, 죄가 없는 연애의 '장난(Flirting)'은 어느 정도까지는 허용되었다. 물론 완전히 정조를 허락한 것이 주위에 들키면 그것은 '추문(scandal)'이 되고, 정도에 따라서는 사교계에서 추방당하기도 했다. 아슬아슬한 라인에서 마음을 잡아끄는 것이 중요했다.

✿ 지위나 재산은 없어도, 아름다움을 무기로 사교계를 누비는 여성들은 당시 '프로페셔널 뷰티'라 불렸다. 『펀치』 1881년 7월 30일.

✦ '다른 영애의 어머니'와의 공방

앨리스의 타깃은 핸섬하고 키가 큰, 작위를 가졌거나 계승 예정자로, 당연히 토지와 저택과 재산이 있는 남성이었다. 하지만 제1장에서 말했다시피, 장자 상속의 관습이 뿌리 깊이 박혀 있던 당시 영국 귀족 사회에서는 작위와 재산을 모두 독점할 수 있는 귀족의 장남은 너무나도 희소했다. 복수의 상대의 구애를 받고 '일단 킵'해두는 것은 당연한 순서였던 모양이며, 다른 영애와 목표가 겹치는 일도 당연히 있었다.

신시아 애스키스는 회상록 『추억과 기쁨』에, '다른 집 엄마들'이 자기 딸을 지켜보는 모습은 '마치 재주를 부리는 동물의 조련사처럼'

걱정스러워 보였다고 기록했다. 그리고 그녀들이 막연한 적의가 담긴 시선을 던지거나, 사소한 험담이 어깨너머로 들려오기도 해서 굉장히 불편했다고도 했다. 몇몇 영애의 회상과 사교계 소설에 등장하는 감시역들이 꼭 쓰는 아이템이라면, 로르뇽(lorgnon)이나 로르네트(lorgnette)로 불리는 손잡이가 달린 안경이다. 실용적인 코안경은 무도회장에 별로 어울리지 않지만, 노 귀부인들이 다른 집 영애나 유망한 신부 후보를 느긋하게 분석하기에는 필수였던 건지도 모른다.

자 그럼, 앨리스 마일즈의 데뷔턴트 체험을 조금 더 봐보자. 지난 일기로부터 4일 후의 일로, 그녀는 '흰색과 터쿼이즈 블루색인 요정 같은 의상을 입고' 또다시 어거스터스의 그림 모델을 하고 있었다.

먼저 지난번의 새뮤얼 헤이즈 경이 찾아와 중단하고 응접실로 갔고, 장미꽃을 준 보답으로 '얼굴에서 멀리 떨어진 장소에, 지극히 안전한' 키스를 허가한다. 적당한 거리를 유지하며 기대를 갖게 하는,

그야말로 사랑의 '놀이'이다. 틈을 주지 않고 '신장 6피트 3인치, 보기 드문 핸섬'한 '미스터 콘월리스 웨스트'가 등장한다. 그리고 그가 돌아가자, 어거스터스는 그림을 진행하기 위해 '부재(not at home)' 상태로 하도록 명령했다. 이것은 하인을 통해 손님에게 주인이 부재중임을 진하게 하는 것인데, 실제로 부재중인지 아닌지는 사교 상 묻지 않는 것이 당시의 매너였다. 하지만 그 지시를 내리기 전에, 1주일에 3번은 찾아와 혼약 소문까지 나왔던 랜즈다운 후작이 방문한다. 그래서 그를 응접실로 보내 즐거운 대화를 나누면서, 메이드인 루이자

꽃 존 에버렛 미레이 「하트는 비장의 카드—월터 암스트롱의 딸들인 엘리자베스, 다이애나, 메어리의 초상」 1872년. 자매라 해도 남편 찾기 경쟁에서는 라이벌임이 느껴진다.

에게 남성은 들여보내고 여성은 '부재'라 전하도록 지시를 내려둔다. 그런데 숙모인 애거사 서머셋이 세 아이와 아이를 돌보는 너스 둘, 유모차에 탄 아기를 데리고 앨리스의 모친을 찾아와버리고 만다.

　　'마일즈 부인 계시니?' '외출 중입니다' '그럼 마일즈 양은?' '마일즈 양도 부재중이십니다' 루이자는 거침없이 대답했다. 파리에서 자란 게 아니라 런던에서 고용한 아이로, 교육은 거의 받

🌸 부인들의 모자 가게에서, 함께 온 여성이 안경을 꺼내 천천히 검토 중이다. 『더 그래픽』 1895년.

지 못했지만 타고난 책모와 재치를 살려 발자크(Honore de Bal-zac, 프랑스의 소설가 1799~1850)가 묘사한 듯한 하녀(soubrette)로 성장했다.

몇 가지 대답을 마친 후, 루이자는 문을 민 채로 애기 숙모님과 흥미로운 그 가족을 다음에는 무슨 질문을 할 건지 궁금하다는 듯이 바라보고 있다. 하지만 불안한 상황은 금방 끝났다. 숙모님이 내게 전언을 적겠다면서 응접실로 향했기 때문이다. 자, 약간 궁지에 처했지. 루이자가 보기에는, 내가 이 숙모님과 만나고 싶지 않은 것은 명백해. 하지만 그녀의 재빠른 임기응변은 이번에도 발휘됐다. '실례지만 사모님, 만찬실 쪽으로 가주신다면, 제가 종이와 잉크와 펜을 가지고 오겠습니다.'

하지만 애기 숙모님은 현관 앞에 메어 있던 화려한 조랑말 마차에 랜즈다운 경의 유명한 문장이 붙어 있는 것을 발견했고, 그것과 루이자가 열심히 막았다는 점을 연결해, 지울 수 없는 쥐새끼의 냄새를 탐지해버렸던 것이다. 그녀는 위엄 있게 손을 휘저어 불쌍한 루이자를 쫓아내며, '아가씨, 난 2층으로 올라갈 거야. 얘들아, 이리 온.' 이윽고 그녀는 제지하는 목소리를 뿌리치고 2층으로 올라갔고, 응접실의 문을 열고, 검은 비단 드레스를 입은 어머니의 미덕의 거울 같은 풍채로 발을 들여 놓았다. (중략)

그녀가 본 광경은 말이지! 나는 무척 부드러운 안락의자에 기대서, 새미 경에게 받은 장미를 가지고 놀고 있었는데, 풀어둔 머리는 쿠션 위에 사랑스럽게 늘어뜨려져 하늘색 리본으로

살짝 모아뒀을 뿐이었어. 그 색은 내 드레스의 은은한 색채에
아주 잘 어울렸지.

　무엇보다 최악의 죄는, 낮은 의자에 다리를 올려뒀던 건데,
이 모습이 끼친 효과는 랜즈다운 경의 눈 속에 확실하게 적혀
있었어. 이 후작은 이번 사교기 내내, 숙모님이 자신의 딸을 위
해 쫓아다니던 상대였거든.

　　(앨리스 마일즈 저 매기 퍼슨스 엮음『모든 여자 아이들의 의무』1992년)

　✿ 무능한 메이드 '아뇨, 부재중이십니다―오늘은 정말로요' 『펀치』1910년 4월 20일. 한
마디가 많았다.

하지만 이 궁지에도 앨리스는 전혀 동요하지 않았다. '아마도 난 매일같이 뭔가 품행이 좋지 않은 현장을 적발 당하고, 아무것도 모르는 척하는 데 익숙해져 있었던 건지도 모른다' 같은 말이 적혀 있었고, 두통이 너무 심해서 부재중이라고 했던 거라고 변경한 모양이다. 하지만 통하지 않았다. 이 참상을 그 자리에서 수습해준 건 항상 편리한 어거스터스였다. 마치 희극의 한 막 같았다.

🌸 결혼을 원하는 사정

앨리스 마일즈의 일기를 편찬한 책의 제목은, 그녀가 기록한 어떤 단어에서 유래한다. '사랑하지 않으면 결혼은 불가능해, 당연하잖아'라고 말하는, 큰 부자의 청혼을 거절했다는 순진한(하지만 4살 연상인) 영애에게 앨리스는 이렇게 말했다.

'나, 연 수입 8만 파운드인 분과 결혼하는 건 모든 여자의 의무라고 생각해. 만약 자비로운 신의 의지로 그런 기회가 주어진다면 말이지.'(앞과 같음)

일기를 '비밀의 상담 상대님'이라 부르며 누구에게도 보여줄 생각 없이 써왔던 앨리스 마일즈의 문장은, 너무나도 노골적이며 당시로서는 좀 극단적인 게 아닌가 싶게 만드는 부분이 있다. 그럼에도 장래의 인생을 확보하기 위해 상대의 재산을 중시해 결혼하는 것은, 그

💐 데뷔 전의 여동생
'생일에는 뭐 받을 거야?' 몇 년이나 파티에서 이리
저리 끌려 다녔던 언니 '모르겠네. 1년 정도 휴가를 받을까' 『펀치』 1896년 10월 17일. 영애
에게 사교계 활동이란 풀타임 노동?

다지 교활한 일은 아니었다. 앨리스가 말하는 '무일푼(pennyless)', '빈
곤한(poor)' 여자, 즉 태생은 귀하지만 특별한 재산이 없는 영애들에게
있어서, 이미 몸에 배어 버린 생활 레벨을 떨어뜨리지 않고 살아가기
위해서는 조건이 좋은 결혼 말고는 거의 다른 방법이 없었던 것이다.

사실 결혼을 희망한다 해도 이루지 못하고 시간이 지나버린 독신
여성(spinster)은 적지 않았다. 사회 통념상, 귀족 여성은 일을 해서 자
립하는 것이 용납되지 않았기 때문에, 생활은 부친의 재산에 의존할

🌸 숨을 참으며 코르셋을 조이게 하는 레이디. '그 애는 몇 인치야? 19인치 반(49.5cm)이라고? 그럼 19인치로 만들어줘, 몸을 맞출 테니까.' 『펀치』 1877년 7월 28일. 허리둘레로도 경쟁.

수밖에 없었다.

아버지가 돌아가시고 새로운 당주가 가정을 얻어 본가의 저택에서 생활을 해나가기 시작하면, 미혼 자매는 모친과 함께 작은 집으로 옮겨 형제나 친척이 주는 용돈으로 살아가게 된다. 그렇게 되면, 그때까지에 비해 생활의 규모는 아무래도 축소된다. 또, 자매의 수가 많은 경우 부모들은 일부러 한 명은 결혼하지 않게 두고, 가정부 대신이나 대화 상대가 되는 걸 기대하기도 했다.

'우선 로맨틱한 사랑에 빠지고, 그 후에 자연스러운 흐름으로 결혼에 도달한다'라는 과정은, 100년 전의 영국 상류 계급 영애들에겐 이상·표면상의 원칙이긴 했지만, 쉽게 달성할 수 있는 것은 아니었을 것이다.

🌸 '먼저 하시죠!' 파티가 한창일 때, 구석에서 '망측한 짓'이 진행 중. 『펀치』 1896년 12월 26일.

🛡️ '공리적 결혼'의 행방

그렇다면 연 수입 4000파운드인 새뮤얼 경 등은 대상 외라며 호언했던 앨리스의 미래가 어땠나 하면—랜즈다운 후작과도, '잘 생긴 캠벨' 대위와도, 그 외 대부분의 아드님과도 맺어지지 않았다. 일기를 편찬한 퍼슨스는 '그녀는 놀라울 정도로 현실적인 사람이었으며, 그리고 사교계에서의 경험을 거듭하면서, 지위 있는 젊은 남자들은 품행이 방정치 못한 어머니를 지닌 가난한 미소녀에게는 장난삼아 구애하긴 해도, 결혼할 가능성은 희박하다는 걸 이해하고 있었을 것이다'라고 말했다.

즉 작위와 돈을 모두 가진 귀족의 자식들은 재산이 없는 준 남작 영애 앨리스의 아름다움을 추켜세우면서 선물을 보내고 키스나 댄스를 졸라대긴 하지만, 진지한 교제상대로는 보지 않았던 것이다.

앨리스는 1870년 12월, 뉴질랜드에서 재산을 모은 33세 연상의 부호 대퍼와 결혼했다. 호화로운 결혼식이었지만, 결혼 생활은 제대로 이루어지지 않은 모양이다. 남편 이외의 남성과 관세를 가셨고, 혼외 자식도 생겼다.

여기서, 남성 측 모친의 의견도 들어보자. 1909년, 2대 셸본 백작 부인은 아들 라운델에게 이렇게 말했다고 한다. '사랑에 빠진다면,

🌸 18세의 처녀라면 왼쪽 그룹에 푹 빠진다. 30세라면 오른쪽 그룹과 결혼할 수 있다면 고마울지도 모른다. 아니면 어느 쪽도 아닌 이상적인 사람이 나타날지도. 아직 그림자도 형태도 없지만. 『펀치』 1883년 6월 2일.

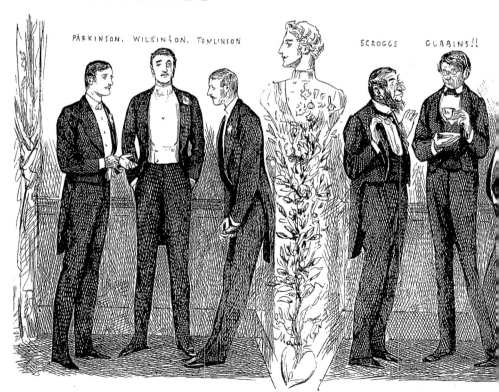

마음과 마찬가지로 머리로도 해야 하는 거랍니다. 아내를 선택할 때도 중요한 일이에요. 애정에 그물을 넘겨주기보다 먼저, 스스로의 판단으로 결정해야만 합니다. (중략) 판단력이 재촉하는 애정은, 그냥 정열에서 나오는 감각보다 더욱 수준이 높고 오래 가는 거랍니다.'
파트너를 선택할 때는, 애정보다 먼저 냉정한 판단의 목소리에 귀를 기울여야 한다. 가족의 전통과 재산을 지킬 책임을 지는 장남이란 입장에게 요구되는 태도였다.

레이디 콜린 캠벨이 편찬한 에티켓 북에는 이런 내용이 있다.

> 여성이 많은 재산을 가지고 있을 경우나, 남성이 사랑 말고는 아무것도 바칠 것이 없는 경우에는, 아가씨보다 먼저 양친의 동의를 구하는 것이 도리에 맞는 방법이라 할 수 있겠지요. 그녀의 발밑에 무릎을 꿇고 청혼하기 전에, 그는 양친의 허가를 받아두는 편이 좋을 겁니다.
>
> (레이디 콜린 캠벨 엮음 『상류 사회의 에티켓』 1893년)

혼약으로 가는 먼 길 — 비타의 경우

부모가 정한 상대와 강제로 결혼해야 해서 울었다거나, 신분이 차이가 나서 포기하게 만들었다는 그런 이야기는 물론 수없이 많이 남아 있다. 그렇다고는 해도, 강제로 결혼시키는 것이 주류 스타일은 아니었다. 정말로 어울리지 않는 상대와 열렬한 사랑에 빠져버렸다

✿ '대폭 할인' 표지를 보고 '분명히 옛날엔 미인이었겠군!' 『펀치』 1887년 2월 26일. '남은 여성'에 대해 세간의 눈은 매우 혹독했다.

면, 장기 해외여행을 보내거나, 반년이나 1년 반 정도의 기한을 두고 교제를 제한하고, 결혼에 이르지 않는 친구 관계를 신중하게 지키면서 자연스럽게 열기가 식기를 기다리는 것이 일반적인 방식이었다.

예를 들어 제1장 후반에서도 다루었던 비타 색빌웨스트는, 여성이기에 색빌 가문에 대대로 내려오는 저택 '놀'을 물려받을 수가 없었다. 하지만 장래에 막대한 재산을 손에 넣을 가능성이 있고, 가능하다면 그 신분에 어울리는 유복한 상위 귀족과 짝을 지어주고 싶은 것은 당시의 부모가 품는 당연한 희망이었다.

아름답고 총명하며 오랜 역사를 지닌 남작가의 외동딸이던 비타는, 18세에 데뷔했을 때부터 수많은 장래 유망한 귀족과 계승예정자들에게 청혼을 받았다. 이탈리아 귀족인 오라치오 푸치 후작은 비타

🌸 '오늘 무도회에서 미스터 S랑 2번이나 식사하러 갔었지. 돈도 없고, 젊지도 똑똑하지도 않지, 미남도 아니지, 대체 어디가 좋은 거니?' '마요네즈를 싫어하는 점. 나랑 똑같거든!' 『펀치』 1886년 1월 2일.

의 이탈리아 여행을 따라다녔고, 급기야는 영국의 놀까지 따라와 모친인 남작부인 빅토리아에게 동정을 받기도 했다.

그 외에도, 요크서의 호화 저택 '하우드 하우스'의 상속인 러셀즈 자작, '비바 커슬'의 그랜비 후작에게도 청혼을 받았다고 한다. 참고로, 전자인 러셀즈 자작은 비타를 포기한 후, 조지 5세의 외동딸인 메어리 왕녀를 부인으로 맞이해 제6대 하우드 백작의 작위를 계승했다. 그리고 후자인 그랜비 후작은 훗날 제9대 래틀랜드 공작, 즉 이 책에서 몇 번 언급한 레이디 다이애나 쿠퍼의 오빠이다. 영국 상류 사교계는 꽤 좁은 편이다.

비타 색빌웨스트의 아들 나이젤이 쓴 『어떤 결혼의 초상』에 의하면, '어머니는 그 두 사람에게 조금도 흔들린 것 같지 않다'고. 비타

✿ 잘 보이지 않는 구석에서 농담을 속삭이는 인기남. 『일러스트레이티드 런던 뉴스』 1892년.

는 1910년 외교관인 해
럴드 니콜슨과 만났고,
천천히 교우관계를 두텁
게 해 나갔다. 어머니 빅
토리아는 사교 상대로서
해럴드의 인품과 외모를
마음에 들어 했지만, 그
렇다고 해서 중요한 외
동딸의 남편으로 삼아
도 괜찮은가와는 또 다
른 이야기다. 만난 지 약
1년 반 후인 1912년 1월,
해럴드는 어떤 무도회에
서 비타에게 청혼했다.

🌸 사랑에 빠진 젊은 시인이 영애에게 '단 하나
의 부탁'을 하려 하자……'알아요, 머리핀을 빌
려달라는 거군요.' 『펀치』 1896년 11월 14일.

비타는 예스라 대답하
지 못했고, 기다려 달라
고 말한 모양이다. 며칠
후, 해외 부임 대기 중이
던 해럴드는 놀 저택을
방문했고, 비타의 모친

🌸 음악을 좋아하는 처녀 '피아노만 치면 따분
한가요?' 매혹된 젊은이 '아뇨, 얼마든지 하세요!
말하는 것보다 훨씬 낫습니다' 단어 선정에 주의
를 기울이는 편이. 『펀치』 1882년 5월 27일. 피
아노는 영애의 매력을 더하는 소도구였다.

과 대화를 나눴다. 어머니의 일기에는 이런 내용이 있었다.

나는 해럴드와 얘기를 나눴다. (비타가 21세인 성년이 될 때까

🌸 '저 사람이 좋아한다는 걸 어떻게 알아?' '어제 엄마가 한 시간 이상 말을 걸었는데도, 그 사람 진짜로 기쁘게 듣고 있는 것 같았거든' 『펀치』 1895년 6월 8일. 엄마의 동의가 무엇보다 중요하다.

지) 1년 반 동안, 혼약 같은 건 불가능하다. 비타는 완전히 자유의 몸으로 있어야 한다. 7월에 귀국하면 비타를 만나도 좋고, 1주일에 한 통을 넘지 않는 범위 안에서 편지를 교환해도 된다. 하지만 약혼자인 상태로 편지를 주고받아서는 안 되며, '가장 사랑하는(Dearest)'이나 '사랑하는(Darling)' 같은 단어를 사용해도 안 된다. 만약 결혼 하게 된다면 어떤 식으로 결혼할 것인지, 수단 과 방법에 대해서도 얘기를 나눴다. 비타가 가난하다 해도 해럴드는 그 애를 사랑할 테고, 비타는 해럴드 자신을 사랑하는 것 같긴 하지만, 난 역시 실리의 유산이 들어오도록 노력해야 한다.

(나이젤 니콜슨 저 쿠리하라 치요, 야기타니 료코 역『어떤 결혼의 초상』1973년/1992년)

실리란 비타의 모친 빅토리아가 오랫동안 매우 친밀하게 교제해왔던 존 마리 스코트 경을 말한다. 그는 세상을 떠나며, 현금 15만 파운드에 더해 평가액

🌸 런던의 초 일급 지역, 파크 레인에 지은 호화로운 저택 발코니에서 사랑을 속삭이는 귀족 연인들. 따라서 고급지인 『모닝 포스트』에 혼약 발표가 나올 것이다. 『런던 생활』 1902년.

35만 파운드인 가구·미술품 전체라는 거액의 재산을 혈연도 없는 색빌 남작부인 빅토리아에게 주라는 유언을 남겼다.

'유산이 들어오도록 노력한다'는 것은, 실리의 유족인 자제들이 낸 이의 신청으로 인한 재판을 말한다. 이 재판은 수많은 이목을 끌어 신문에도 실렸으나, 색빌 가문 쪽이 이기고 유산은 남작부인에게 들어왔다. 이로 인해, 설령 놀 저택을 상속받지 못한다 해도, 비타는 모친이 세상을 떠났을 때 거액의 유산을 받을 수 있는 여상속인이 되었다.

해럴드가 청혼한 것은, 실리

'식사를 청해도 될까요' '잠깐만요! 발코니에서 프러포즈를 하고 있어요. 그녀의 대답을 들어야 해요!' 『펀치』 1887년 8월 6일.

가 세상을 떠났다는 소식이 비타에게 도착한 바로 그 날 밤이었다. 남작부인 말대로, 젊은 두 사람에겐 재산의 행방 따윈 관계가 없었을지도 모른다. 그럼에도 양친의 허가가 나올 것인지, 결혼에 도달할 수 있을 것인지에는 지대한 영향을 미쳤으리라 생각된다.

🌸 1913년 마리 스코트의 유산을 둘러싼 재판으로 향한다. 왼쪽부터 해럴드 니콜슨, 비타, 해럴드와 동시에 몰래 사귀고 있던 연인 로자몬드 그로브너, 아버지 색빌 남작.

조지 케펠 부인 앨리스와 딸인 바이올렛, 1899년. 모친은 에드워드 7세의 마지막 정부로 알려져 있으며, 바이올렛은 훗날 비타의 연인.

🌸 '당신과는 이제 춤추지 않을 거예요. 대신 가장 귀여운 아이를 소개해주죠.' '가장 귀여운 아이보다 그대가 좋아.' 실언. 『펀치』 1887년 6월 4일.

해럴드는 외교관으로, 오랫동안 이어진 준 남작 가문 출신이다. 부친은 후에 남작의 작위를 받았다. 하지만 위로 형이 여럿 있었기 때문에, 작위, 재산 모두 가망이 거의 없었다. 완전히 서민인 것은 아니었으나, 아마도 앞서 말했던 앨리스 마일즈와 공작 영애의 관계를 역전시킨 것처럼 어울리지 않는 조합이긴 했을 것이다.

비타에겐 정열이 있었고, 상대를 선택해도 될 정도의 재산이 있었기에, 결국 부모님은 딸의 의사를 존중하게 되었다. '아빠는 무척 상냥한 분이셨다. 다른 사람과 결혼시키는 꿈을 꾸는 게 분명했는데. 아빠는 만약 내가 1년 동안 해럴드만을 생각하며 기다린다면, 결혼을 허락해줄 수도 있다고 말씀해주셨다.'

'실리의 유산'을 둘러싼 소송이 결판이 난 것이 최초의 프러포즈로부터 약 1년 반 후인 1913년 7월 7일. 8월 5일에 비타와 해럴드의 정식 혼약이 발표되었다. 두 사람의 결혼 생활은 평탄하지는 않았다. '항상 사랑을 하고 있었다' 비타는 남성도 여성도 사랑했으며, 바이올렛 트레퓨시스와의 사랑의 도피 사건이나 버지니아 울프와의 관계도 잘 알려져 있다. 해럴드 쪽도 연하의 청년을 연인으로 지니고 있었다. 서로의 자유로운 연애를 허용하면서도, 아들의 말에 의하면 신뢰로 맺어진 관계는 최후까지 계속되었다고 한다.

그 당시 여성이 자기표현이 가능한 유일한 바람은 결혼을 통하는 수밖에 없었어요. 남편을 얻을 수 있는지 아닌지, 그게 저희의 최대 관심사였죠.
(에어리 백작부인 메이벨 오그르비 저 제니퍼 엘리스 엮음『금빛 지붕, 에어리 백작부인 메이벨의 회상』1962년)

영국 귀족의 영애들에게, 결혼이란 일생의 대사업이었다. 돈과 집안과 신분과 작위, 서로의 부모님의 기질, 그리고 애정, 다양한 요소가 복잡하게 뒤얽혀, 성립하기도 하고 성립하지 않기도 한다. '최대의 관심사'가 드디어 다가오면, 귀족 여성들은 준비에 쫓기게 된다. 다음 장에서는 결혼 그 자체에 대해 파헤쳐 보자.

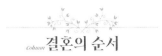

Column 결혼의 순서

19세기부터 20세기 초반에 걸쳐, 영국에서는 결혼 절차에 몇 가지 방법이 있었다.

먼저, 가장 저렴하고 서민적인 방법은 '결혼 예고(banns)'에 의한 것으로, 3주일 전부터 일요일마다 지역 교회에서 이름을 읽으며 발표해준다. 이때, 예고를 시작한 시점에서 커플 중 어느 한쪽이 그 교구에서 15일 이상 거주하고 있었어야 한다는 조건을 만족시킬 필요가 있었다. 예고를 발표하는 3회의 기회 중에 참례자들 중 누군가가 이의를 제기하지 않는다면, 3개월 이내에 어느 한쪽 교구의 교회에서 두 사람의 증인을 세워 결혼하는 것이 가능했다.

대중들 앞에서 이름이 발표되는 것이 싫고 예산이 있다면, 지역의 성직자나 런던의 '민법박사회(doctor's commons)'에 2파운드 정도의 비용을 지불해 '허가증(license)'을 받고, 마찬가지로 어느 한쪽이 15일 이상 거주하는 교구의 교회에서 식을 올릴 수도 있었다.

더 유복한 사람들은, 영국 국교회의 정점인 캔터베리 대주교에게 청원해 특단의 사정을 설명하고, '특별 결혼 허가증(special marriage license)'을 취득했다. 1890년의『상류 사회의 매너와 룰』에 의하면, 19세기 말의 특별허가증 취득 비용은 평균 29파운드 8실링이었다고 한다.

성직자와 증인의 입회하에 결혼이 성립되면, 커플은 그 자리에서 등록부에 사인한다. 옛날에 이런 절차가 가능한 곳은 영국 국교회뿐이었으나, 1836년부터 카톨릭이나 유대교, 기타 종파에서도 등록이

🌸 노리치에서 촬영된 신부의 사진. 하얀 드레스, 베일, 부케 등, 현대의 드레스와 별로 다르지 않다. 1890년대.

🌸 웨딩드레스는 왕궁 배알용 드레스와 비슷하지만, 이브닝이 아니라 주간용 옷이기에 소매는 길고 옷깃도 깊이 파이지 않았다. 1890년대.

가능해졌다. 게다가 성직자가 필요 없는 '시민 허가증(civil license)'으로 식을 올리는 것도 가능해졌다. 그렇다고는 해도 역시 당시에는 설령 다른 종파에 소속되어 있다 해도, 영국 국교회에 의한 결혼을 선택하는 커플 쪽이 더 많았던 모양이다.

주위의 반대로 결혼이 어려운 커플이 손쉽게 맺어져버리는 방법이 있었다. '사랑의 도피 결혼'이다. 19세기 중반까지 잉글랜드의 엄격한 법률이 스코틀랜드에는 적용되지 않았으며, 두 사람의 증인만 있으면 결혼이 성립했기 때문에, 가족의 추적을 뿌리치고 도망친 두 사람은 스코틀랜드에 들어가 국경에 가까운 '그레트나 그린(Gretna Green)' 마을에서 증인을 찾아 결혼식을 올려버리는 것이다.

1856년에는 법률이 개정되어, 스코틀랜드에서 태어났거나, 3주

이상 거주한 자 외에는 그 곳에서 결혼할 수 없게 되었다. 하지만 19세기 말, 20세기 초에 이르러서는, 예를 들어 전장으로 나가기 전에 급히 결혼하고 싶은 젊은이들 등이 거주 조건을 위장해 사랑의 도피 결혼을 이용했다고 한다. '사랑의 도피(elopement)', '그레트나 그린', '모루 결혼(anvil)'(대장장이가 목사 역을 맡았다는 전설로 인해)은, 로맨틱한 연애 결혼을 꿈꾸는 여성들의 동경을 불러일으키는 단어가 되어 있었다.

그렇다고는 해도, 잉글랜드 사람들에게 사랑의 도피는 비정규혼 취급이었으며, 아이가 생겨도 법적으로는 서자로 취급될 가능성이 있었다. 사랑의 도피로 기정사실로 만들어 관계자들을 포기하게 만든 후에는, 잉글랜드로 돌아와 영국 국교회식으로 다시 한 번 결혼식을 올리는 것이 일반적인 수순이었다.

✿ 신랑은 프록코트를 입었는데, 저렴한 기성복인지 약간 오버 사이즈 느낌. 런던 클래펌 정션의 사진관. 1900년대.

✿ 런던의 치직에서 촬영된 결혼 사진. 이쪽의 신랑은 모닝 수트 차림. 1900년대.

제5장

영애의
결혼

🐢 빅토리안 웨딩

　지금의 결혼식은 그때에 비해 크게 달라지지 않은 모양입니다. 신부는 지금도 당시와 마찬가지로 하얀 드레스를 몸에 두르고, 머리카락은 전통적인 오렌지꽃 대신 반짝이는 티아라를 쓰는 것만 제외하면 거의 똑같아 보입니다. 신랑들은 제대로 치장하고, 긴장한 얼굴로 신랑 들러리(best man)와 대화를 나누고 있습니다. 신부 들러리(bridesmaid)들은 화환을 손에 들고 낙낙하게 긴 드레스를 입었으며, 대부분은 작은 시동(page)이 함께 있는데, 불이 붙은 것처럼 울음을 터트리나 싶으면 누군가

🐢 1840년 빅토리아 여왕과 알버트 공의 결혼식. 헤이터의 회화를 바탕으로 판화로 만든 것.

상냥한 어른이 달래주고 있습니다. 같은 음악이 연주되고, 신
랑·신부에게 주어지는 충고의 말도 기묘할 정도로 들어본 적
이 있는 것처럼 느껴집니다. (중략)

　과거와 현재의 결혼식을 구분 짓는 커다란 차이가 하나 있습
니다. 오늘날에는 결혼 파티가 호텔에서 열리는데, 제게는 이
게 지금도 왠지 서먹서먹하고 냉담하게 느껴집니다. 친밀함과
사적인 매력을 가득 담은 신부의 양친의 집에서 열리는 결혼
파티는, 지금은 과거의 것이 되었습니다.

　　(수잔 트위즈뮤어『라일락과 장미』1952년)

　수잔 트위즈뮤어는 첫 번째 회상록『라일락과 장미』의 마지막 장
을 '빅토리아 시대의 소설과 마찬가지로', 자신의 결혼에 관한 설명
으로 마무리하고 있다. 1907년 7월 중순의 무척 맑은 날, 그녀는 스
코틀랜드 출신의 저명한 정치가이자 소설가인 존 버컨과 결혼했다.
남편은 스코틀랜드의 장로파, 아내는 영국 국교회라는 종교의 차이
로 인해 서로의 본가끼리 잘 맞지 않아 고민하는 일도 있었던 모양
이지만, 상류 계급이 주로 찾는 런던의 성 조지 교회에서의 결혼식,
결혼 파티, 허니문 등 그들의 여로는 희망으로 가득 찬 것이 되었다.
자, 그럼 우리는 그녀의 결혼을 소재로 이 장의 탐구를 시작하도록
하자.

　현대에 전해지는 서양풍 결혼식의 전통 대부분은 19~20세기에 시
작된 것이라 한다. 그중 가장 유명한 것이 하얀 웨딩드레스일 것이
다. 옛날에는 왕실의 결혼식에도 색이 있는 드레스를 착용했다. 하

❀ 웨딩드레스 차림의 빅토리아 여왕. 드레스 재질은 런던의 스피탈필즈에서 만든 실크, 베일은 데본셔의 허니톤 제로, 오렌지 화환을 장식하고 있다. 윌리엄 드래먼드의 그림을 복제한 판화.

물며 주머니 사정에 여유가 없는 중류부터 하층 계급 사람들은, 모처럼 예쁜 드레스가 생기니 그 후의 생활에서도 입을 수 있도록 진한 색의 천으로 만드는 것이 일반적이었다.

1840년, 빅토리아 여왕이 결혼식에서 흰 드레스를 입은 것을 계기로, 우선 상류 계급 여성들이 그걸 흉내 냈고, 그 후에 국민 전체로 퍼져 나갔다. 수잔 트위즈뮤어가 말한 오렌지 꽃장식도, 빅토리아 여왕이 유행시킨 것이다. 향이 풍부한 수많은 꽃과 열매를 맺는 오렌지는 풍요와 다산을 상징하며, 신부의 출가에 어울린다고 여겨졌다.

🐢 서양풍 결혼식의 원점

'신랑 들러리(bestman)'는 신랑 곁에서 결혼반지 관리부터 각종 사무 절차까지 도와주는 중요한 역할이다. 영국에서는 일반적으로, 신랑의 가장 친한 친구나 형제 중에 한 명만을 선택했다. 대규모인 왕실의 결혼식의 경우에는 그렇게 한정되지 않고, '신랑 들러리(groomsman)'가 여러 명 있었다.

🌸 1881년 프랜시스 '데이지' 메이너드가 브룩 경, 뒷날의 월릭 백작과 결혼했을 때의 신부 들러리들. 전원이 공작과 백작, 자작의 영애와 손녀딸로, 친척 관계였다.

🌸 신부의 계부, 제4대 로슬린 백작의 3자매. 마찬가지로 월릭 백작 부부의 신부 들러리를 섰을 때의 드레스 차림.

신부와 함께 있는 '신부 들러리(bridesmaid)'는 미혼 자매, 친척이나 친구 중 몇 명이 맡는 것이 일반적이다. 보통 신랑 신부의 미혼 자매 중에서 가장 연장자인 여성이 '신부 들러리장(chief 또는 head bridesmaid)이 되었다. 1893년 레이디 콜린 캠벨의 조언에 의하면, 신부 들러리 숫자는 2명부터 12명까지로, 6~8명이 선호되는 숫자였다고 한다. 다른 입문서에 의하면, 교회의 통로에 2열로 걸어가기 때문에, 가능하면 짝수를 원했다. 하지만 절대적인 규칙인 것은 아니다.

신부 들러리의 드레스는 신부가 제공하는 경우도 있었고, 지명 받은 쪽이 자비로 만드는 경우도 있었다. 전통적으로 색은 흰색. 그 이외의 색을 선택하기도 했다. 디자인은 통일시켰는데, 완전히 똑같지 않아도 상관없었다. 일반적으로 관습에 유래한 규칙은 있지만, 어느 정도까지는 제외할 수 있는 자유가 있었다. 신부 들러리의 드레스는

궁리해야 하는 부분
이었다. 비용을 신부
자신이 대면서 세세
하게 지도해도 되지
만, 신부 들러리 쪽에
서 부담할 때는 '신부
들러리장'이 주도권
을 쥔다.

수잔 트위즈뮤어의
회상에는 큰 소리로
울었다, 라고 적혀 있
던 '시동(page)'은, 신
부의 긴 치맛자락을
들고 걷는 역할의 소
년으로, 1890년대의
입문서의 기술에 의
하면 당시 유행하던

🌸 신부 차림의 신시아 애스키스(우)와 신부 들러리
를 맡은 동생들(좌). 결혼식은 1910년 7월.

남자 아동복인 '소공자풍 의상(Fauntleroy suits)'을 입혔던 모양이다.

신부 들러리, 신랑 들러리, 시동들이 화려하게 수놓는 결혼식 풍습
은, 현재까지 서양의 결혼식에 확실하게 살아 있으며, 최근에는 미국
을 경유해 일본에도 넘어 온 모양이다. 외국 영화나 드라마에서만이
아니라, 가까이에서 보거나 직접 체험할 기회도 늘어날지도 모른다.

🐢 신부가 되기 위한 준비

회장을 정리하고, 웨딩드레스를 고르고, 친척, 자매, 친구들에게 협력을 요청하고, 초대 손님 리스트를 만들고, 초대장을 발송하고 ―. 결혼이 결정된 여성이 몇 개월에 걸쳐 준비하는 기간이 얼마나 바쁜지는, 당시나 지금이나 크게 달라지지 않은 건지도 모른다. 100년 전의 영국 귀족 영애들이 특히 더 신경을 썼던 것은 '혼수(Trousseau)'였다.

혼수란, 신혼여행이나 결혼 후의 생활에서 상황에 맞게 입을 옷, 공들여 장식한 속옷류, 가운과 잠옷, 장식품, 기타 집에서 쓰이는 천 세트를 말하며, 웨딩드레스를 포함하는 경우도 있다. 이런 것들을 모아 혼수로 지참하는 관습은 예로부터 있었지만, 19세기 중반까지 융성했던 여성 잡지의 기사나 가사 지도서, 에티켓 북 종류에서 이런 혼수를 크게 다루면서, 여성 전반의 관심사가 되었다. 사카이 타에코의 저서 『웨딩드레스는 어째서 하얀 색인가』(1997년)는, 여성 잡지 『더 영 잉글리시우먼』(1872년)의 기사를 인용하면서, '혼수 준비'에 들어간 금액과 내용에 신부가 소속한 계급, 즉 아버지의 지위와 수입에 의해 차이가 있었음을 밝히고 있다.

이 잡지의 편집자는 '가난한 사람'과 결혼할 예정으로 '50파운드'의 예산을 준비한 독자에 비해, 더 적은 '30파운드를 쓸 예정'인 독자에게는 드레스를 실크가 아닌 더 저렴한 재질의 것으로 바꾸기를 추천하고 있다. 한편으로, 더 유복한 '100파운드를 준비한' 신부에게는 고급 실크나 캐시미어나 알파카 털 드레스, 속옷류, 의복 외에 '4더즌(1

🌸 1881년, 훗날의 월릭 백작부부의 호화로운 결혼식. 왕실의 행사장인 웨스트민스터 사원에서 열렸다.

더즌=12개)의 손수건과 타올'을 추가하도록 지시했다.

　'가난한 사람'이라고는 해도, 『더 영 잉글리시우먼』의 독자는 정말로 매일의 식사를 걱정해야 하는 그런 하층 계급 사람들이었던 것은 아니며, 실제로는 예산과 허영, 주변으로부터의 압박을 대조하면서, 적당히 사치를 부리고 싶은 중류 계급 아가씨들이었다. 그럼 이 책에서 탐구해온 귀족의 혼수는 어땠을지, 다른 자료로 확인해보자.

예를 들어 유복한 여상속인인 윌릭 백작부인 데이지(1861~1938)는 자서전『인생의 밀물과 썰물』(1929년)에서, 1881년에 결혼할 때 혼수에 2000파운드의 금액을 소비했음을 밝혔다. 평범한 지주의 연 수입에 해당하는 금액이다.

한편, 빅토리아 시대의 저명한 문장가 · 사상가인 토머스 칼라일(Thomas Carlyle)의 아내 제인은, 1851년 가을에 '난생처음으로 혼수를 봤을 때'의 일을 편지로 남겼다. 이 의상들은 제10대 에어리 백작과 결혼한 헨리에타 브랜치의 것이었다.

마치 만국박람회 같았어요. 이게 대체 어떻게 된 걸까요. 저렇게 많은 종류의 드레스, 상의, 고급 옷 등등을 혼자서 다 쓰

🏵 1851년 런던 만국박람회에는 영국 각지와 전세계에서 공업 제품과 장식 미술품이 모였다.

는 여성이 있는 걸까요. 그리고 코로넷(coronet, 왕족이나 귀족의 문장에 쓰이는 관의 표식)은 어쩜 그리 호화스러운지! 모든 긴 양말, 모든 손수건, 모든 것에 코로넷이 달려 있었어요! (중략) 불쌍한 브랜치는 혼수를 준비하는 이 흥분과 환희 속에서, 자신이 그 남성을 사랑하는지 아닌지도 모르는 것 같았어요—실제적인 목적을 너무 바라고 있는 것 같네요.

(제인 웰시 칼라일의 편지, 1851년 9월 24일)

1851년은 마침 런던의 하이드파크에서 세계 최초의 만국박람회가 개최된 해이다. 산업 혁명을 겪은 19세기 중반의 영국은 번영의 정점에 도달해 있었다. 빈곤 속에 남겨진 사람들도 있었지만, 국민 전체의 생활 레벨은 확실히 끌어올려졌고, 한 사람 한 사람에게 여유가 생겨 결혼식에 관한 상류 계급의 풍습을 흉내 내게 되었다. 하지만 지적인 중류 계급에 속했던 제인 칼라일에게는, 이 시기는 아직 호화로운 혼수는 그다지 익숙하지 않은 관습이었음을 엿볼 수 있다.

❀ 로버트 스콧 테이트 '첼시의 인테리어' 1857~58년. 런던의 자택에서 지내는 제인과 토머스 칼라일 부부.

웨딩드레스의 변천

결혼식 때 입는 드레스에
는 그때에 따라 최첨단의
유행과 실루엣이 반영되었
다. 여성 패션 잡지 『라 모
드 일뤼스트레(la mode illus-
tre)』에 게재된 일러스트로,
웨딩드레스의 디자인 변화
를 따라가 보자.

❀ 1863년의 신부 의상(좌). 크리놀린(철사 등으
로 스커트를 부풀리기 위한 속치마-역주)으로 크게 펼
쳐진 스커트에 레이스를 트리밍했다. 허리 벨
트에 오렌지 꽃다발을 달았다. 오른쪽은 파란
색 태피터(평직으로 짠 견직 비단-역주) 드레스.

❀ 1876년의 웨딩드레스. 유행의 변화에 따라 허리 뒤쪽에는 허리받이(버슬, 스커트의 뒤를 부풀리
기 위해 허리에 대는 허리받이-역주), 머리카락은 길게 늘어뜨린 스타일이 되었다.

🌸 어깨를 크게 부풀린 1896년의 웨딩드레스(우)와 신부의 어머니용 드레스(좌).

🌸 1912년의 드레스. 베일과 드레스의 유행은 변했지만, 머리카락이나 허리, 레이스 자락에는 아직 오렌지 꽃을 장식했다.

🌸 1880년의 하얀 새틴 드레스. 크리놀린도 허리받이도 사라져 갑자기 폭이 좁은 스커트로 변했다. 오른쪽은 신부의 자매용.

🐢 혼수의 내역

　속옷, 양말, 손수건까지, 모든 것에 문장이 들어가 있었던 건지도 모를 '귀족의 혼수'에는, 실제로는 어떤 항목이 포함되어 있었을까. 그 예로 1904년, 제철로 부를 쌓은 준 남작 가문의 딸 메어리 캐서린 벨이 찰스 트레벨리언 경과 결혼할 때에 준비했던 의상 리스트는 다음과 같았다.

🐢 친구들에게 혼수를 보여준다. 해리슨 피셔의 그림으로 만든 20세기 초의 엽서.

✤ 왕실에서도 즐겨 찾던 패셔너블한 백화점 마샬&스넬그로브(Marshall & Snelgrove). 1910년대.

* 무도회용 드레스
* 만찬회용 드레스
* 차 모임용 옷
* 일상용 만찬복
* 일상용 오전 옷
* 외출용 외투
* 신혼여행용 모자
* 여행용 모자
* 만찬용 재킷
* 부츠, 구두

* 실내용 구두
* 긴 양말 12(실크 4, 울 4, 기타)
* 상하 세트 속옷(combination) 6
* 잠옷(nighty) 6
* 긴 코르셋 2
* 짧은 코르셋 2
* 조끼(best) 3
* 짧은 조끼(spencer) 3
* 단단한 천으로 된 속바지
* 여름용 속바지 4

『웨딩드레스는 어째서 하얀 색인가』에 의하면, 상류 계급만 가능
한 한 단계 높은 사치로, 일부러 수수한 드레스와 시대를 앞서가는

'유미적(essentic) 드레스'를 선택하는 영애도 있었던 모양이다. 그렇다고는 해도, 일단 돈을 들이기로 결정한다면, 총액, 물품 수, 질 면에서도 도저히 서민들은 상상도 못할 정도의 혼수가 완성되었을 것이다.

🐢 돈 애기 정리―'혼인계승재산설정'

혼수 준비를 마친 영애들은 두근거림과 흥분으로 가슴이 고동치고 있었을지도 모른다. 하지만 부모들에게 결혼 준비는 아이들의 미래를 평안하게 하기 위한 교섭 테이블일 뿐이었다.

결혼하기로 결정되면 곧바로, 양가 부모는 각각 사무변호사(solicitor)를 세우고, 돈에 관한 상담을 시작한다. 앞서 말한 대로, 귀족은 스스로 일해서 돈을 벌어 생계를 유지하려 하지 않는다는 '체면'이

🌸 드레스 매장에서 쇼핑. 스타일이 좋은 모델을 몇 명 고용해, 매장의 옷들을 입혀 보는 것이 유행했다. 『런던 생활』 1902년.

있다. 일로 버는 수입이 있다 해도, 결혼할 때 교섭 자리에서 그 얘기는 꺼내지 않았다.

신혼 가정의 수입원이 되는 것은 (건재하다면)부모의 원조이다. 정식 상속보다 전에, 성인이나 결혼을 계기로 어느 정도의 재산을 나누어주는 일이 많았다. 남자에게는 신혼 생활을 위해 당주가 사는 가족의 본 저택과는 다른 집과, 생활 자금이 주어졌다. 여자의 경우는 부친이 주는 지참금(dowry)이다. 이처럼, 양쪽 집안에서 각각 자식들에게 준 자산을 합쳐, 안전한 채권 등에 투자해서

🌸 조지 커슨과 메어리 라이터. 결혼식은 메어리의 고국인 미국의 워싱턴에서 올렸다. 더비의 저택 '케들스톤 홀'로 돌아왔을 때의 사진.

매년 받는 금리로 새로운 생활을 이어가게 되었다.

양쪽에서 얼마씩 낼 것인지, 아내의 개인적인 자산으로 자유로이 쓸 수 있는 부분, 즉 연 금리에서 아내에게 지급되는 용돈(pin money)과, 손주가 생겼을 경우의 분여금(portion), 형제자매나 친척에 대한

✿ '앵글로 아메리칸 네일 사'의 오일 히터 광고. 당시 유포했던 우아하고 아름다운 미국 미인상과 영국 신사를 결부시켜, 섹시한 이미지를 환기시키고 있다. 에드워드 7세 시대.

원조는 얼마나 할 것인가. 남편이 먼저 세상을 떠난 경우에 아내가 매년 받을 수 있는 과부 급여(jointure)의 액수는 얼마로 할 것인가, 반대로 아내가 먼저 세상을 떠나고 아이가 없는 경우, 아내의 지참금은 남편의 것이 되는가, 경우에 따라서는 본가로 돌아가는가.

제1장에서 말했던 한사 상속(Entailment)은 어떻게 할 것인가, 부동산의 사용권은—. 결정하지 않으면 안 되는 것들이 산더미 같이 있었고, 특히 상속에 관한 관습법에서는 전반적으로 불리했던 여성 측의 부모가 조금이라도 딸이 유리해지도록 만들기 위해, 교섭에는 시간이 걸렸다. 이야기가 정리되면, 법률가의 손으로 문서화되었다. 이것을 '혼인계승재산설정(marriage settlement)'이라 부른다.

당연히 각각 집의 재산에는 커다란 차이가 있으며, 부모들이 중시하는 포인트나 개개인의 힘 관계도 달랐고, 계승 재산권의 조건도 똑같지 않았다. 이상적인 모습은 양쪽 집안 모두 비슷한 액수를 내도록 최대한 노력해야 한다고 생각되지만, 현실은 혼인계승재산설정을 하는 재산의 대부분은 신부 측의 지참금으로 형성되는 것이 일반적인 인식이었다.

패트리시아 잴란드(Patricia Jalland) 저『여성들의 결혼 그리고 정치 1860년~1914년』(1986년)에 의하면, 사회적 지위가 더 낮고, 부친의 재산이 많은 쪽이 더 많은 돈을 내는 경향이 있었다고 한다. 예를 들어, 남작 가의 자식으로 태어나, 정치가로 활약하고 나중에 후작이 되는 조지 커즌 경이 유복한 미국의 여상속인 메어리 라이터와 1895년에 결혼했을 때, 신랑 측이 2만 5천 파운드를 낸 한편, 신부 측은 14만 파운드를 냈다. 1년에 4%의 이율이라고 하면, 신랑의 재산에

🌸 미국 여상속인 '피앙세? 차인 모양이야.
우리 사고방식을 이해하지 못하는 거지. 언
제까지고, 영원히, 이혼해도 사랑해줄래? 라
고 물은 것뿐인데' 『펀치』 1904년 2월 24일.

서 얻을 수 있는 연 수입은 1000파운드. 신부는 6300파운드. 이처럼 양 집안에서 제공하는 자원에는 커다란 차이가 있었다.

'유복한(미국의) 여상속인'과 '유서 깊은 영국 귀족 계승자' 커플은, 19세기 최후의 20년간 이후에 수없이 성립되었다. 즉 그것은 농업 불황으로 수입이 줄어든 영국 귀족의 작위를 '돈으로 산다'는 도식이었다. 돈이라는 숫자로 계산할 수 있는 것과, 지위나 애정, 긍지라는 눈에 보이지 않는 것을 거래하는 작업에는 아무래도 뭔가의 의도나 가치관의 어긋남이 발생하고 만다. 그렇기에 계승재산설정은 난항을 겪었고, 확실하게 서면으로 만들어 양가를 납득시킬 필요가 있었다.

그럼 이야기를 영애들의 마음속으로 돌려보자—. 예를 들어 후작

🌸 미국 소녀가 독신 공작에게 인기가 있다고 해서, 미국풍 액센트를 쓰는 가정교사를 고용하나? 『펀치』 1888년 12월 1일. 매력의 근원은 재력과 미모와 자유의 나라에서 키운 기질에 있지, 말투가 아닌 것 같은데.

영애인 모드 세실은, 1883년 미래의 남편 윌리엄 파머, 훗날의 제2대 셀본 백작에게 이렇게 말했다. '돈이나 계승재산을 보통 어떻게 하는 건지 저는 잘 몰라요.'

　한편, 빅토리아 여왕 즉위(1837년) 경의 왕궁에서 가장 아름답다고 일컬어지던 백작 영애 레이디 캐서린 윌헤르미나 스태노프는, 1843년 로즈베리 백작 가의 아들과의 결혼식 전날 밤 '아빠 방으로 불려가서 증서에 사인하고 드렸어요'라고 했다. 이것은 미래의 남편과 그의 아버지와 동생, 그리고 그녀 자신의 아버지와 오빠, 변호사 5명, 사무원 1명의 입회하에 이루어졌다고 한다. 어려운 돈 문제는 부친과 형제, 남편에게 맡기고, 청초한 신부는 애정만 생각하면 된다는 것이 당시의 풍조였다.

🐢 6월의 신부

계승재산에 대해 어느 정도 윤곽이 잡히고 혼수 준비도 끝나면, 드디어 결혼식 날짜를 결정하고, 신문에 개인광고를 내고, 초대장을 보내고, 그 날을 맞이할 수 있다. 파멜라 혼(Pamela Horn)은 저서『영주의 부인들』(1991년)에서, 1910년판『버크의 귀족 및 준 남작 명감』에 게재된 550쌍의 부부가 결혼한 달을 집계했는데, 그에 따르면 귀족과 준 남작의 거의 1/4이 6월이나 7월을 선택했다고 한다. 다음으로 인기가 있는 달은 4월로, 전체의 10% 이상. 가장 인기가 없는 것은 3월과 5월로, 전자는 기독교의 절제가 요구되는 사순절(四旬節, Lent)에 걸리고, 후자는 반대로 런던 사교기(season)가 가장 왕성할 때와 겹친다는 점을 이유로 들고 있다.

5월부터 7월까지의 사교기 동안에 상대를 찾고, 끝날 때쯤 결혼식을 올리는 것이 영애와 그 어머니들의 이상적인 스케줄이었다.

정력적으로 활동하는 정치가 가족은 의회가 잠시 쉬는 동안을 선택하는 경향이 있었다. 예를 들어 윈스턴 처칠은 1908년 9월 중순, 새로운 회기가 시작하기 2주일 전에 결혼식을 올렸다.

🐢 웨딩 브렉퍼스트 또는 티, 그리고 선물

자, 다양한 장해를 이겨내고, 드디어 빛을 보는 날이 왔다고 치자. 결혼식은 몇 시에 거행되느냐 하면—옛날에는 아침 8시부터 낮 12시

🌸 생가 '놀'의 부속 예배당에서 결혼식을 올린 비타 색빌웨스트. 1913년 10월

까지로 법으로 정해져 있었다. 그 후, 1886년에는 오후 3시까지 허용
되게 되었다. 식이 끝나면 일행은 줄줄이 신부의 집으로 돌아가, 축
하연에 참가한다. 전통적인 결혼 피로연은 '웨딩 브렉퍼스트'라 불렸
지만 점심 때 열렸다. 텐트를 치고 하는 가든파티, 서서 먹는 방식,
착석식 등 형태는 다양했다. 시대가 지나, 오후 예식이 허용된 후에
는 오후 4시 경부터 '웨딩 티'를 여는 것이 유행했다.

🌸 나이츠 브릿지(Knights Bridge)의 성 폴 교회에서. 상류 계급의 결혼식. 『런던 생활』 1902년.

잊어서는 안 되는 것이 선물이다. 당시의 입문서에 의하면, 결혼식에 초대받은 사람은 신부 또는 신혼 커플에게 뭔가 선물하는 것이 당연한 매너였다. 결혼이 오래 걸릴 것 같은 경우를 제외하면, 발표되면 바로 보내는 것이 좋으며, 늦어도 결혼식 당일보다는 늦지 않게 해야 했다.

귀족 신부 정도 되면, 가족, 친척, 친구가 경쟁하듯이 고가의 선물을 멀리서도 보내게 된다. 이것으로 예상할 수 있는 흔한 문제라면, '최고급' 티 세트를 2개나 받았는데, 만찬용 그릇은 없는 사태이다. 현재 유럽과 미국에서는 커플이 사전에 백화점 등에서 희망 리스트를 등록하고, 선물을 보낼 사람은 그중에서 골라서 원하는 것이 겹치지 않도록 하는 방법이 정착되어 있으므로 이런 문제는 일어나기 어려울지도 모른다.

한편으로, 당사자의 희망을 듣고도, 멋진 서프라이즈 선물을 보내는 친족도 있다. 아델라인 하트컵 『전원의 대저택에서의 사랑과 결혼』(1984년)에 의하면, 제2대 레콘필드 남작은 조카인 조지 윈덤에게 결혼 선물은 뭐가 좋을지 물었다고 한다. 조지는 '책 한 권'이라고 대답했다. '평가가 좋은 작품이라면 뭐든지, 특히 역사책이 좋겠네요. 앞으로 도서실의 장서를 구축해 나가고 싶거든요'라고 말했다. 결혼식 후 런던으로 돌아왔을 때, 신혼인 두 사람을 기다리고 있던 것은 헨리 백부

🌸 1803년생인 메어리 엘리자베스 루시. 63세 때의 사진.

🏵 결혼 선물을 견학한다. '15실링을 우편환으로 보냈는데 보이
지가 않네' 『펀치』 1893년 5월 20일.

님이 보낸 선물이었다. 윈덤은 '도서실 한 세트'였다고 말했다. 최소
한 100권은 되었으며, 모두 우아한 양장본이었다.

1881년 4월, '찰리코트 파크(Charlecote Park)' 저택의 메어리 엘리자
베스 루시는, 훗날의 월릭 백작 부부의 웨딩 브렉퍼스트에 참가했을
때, 신부의 집에 장식된 선물의 숫자에 눈을 빼앗겨 회상록에 이렇게
적었다.

결혼 선물은 심홍색 천을 덮은 긴 테이블에 장식되어 있었
습니다. 먼저 자기(china), 셀 수 없을 만큼 아름다운 다기, 기타
등등. 그리고 식기(plate)—금과 은으로 만든—그리고 엄청나게
비싸고 번쩍이는 무수한 보석 장식품. 월릭 주민들이 보낸 다
이아몬드 목걸이가 가장 멋지다고 생각했어요. 영국 왕태자 부
부는 빛나는 다이아몬드와 사파이어 팔찌. (중략) 그리고 수많
은 희소한 골동품(virtue)도 있었죠. 말하자면, 눈이 돌아가기에

충분한 것 이상의 귀중한 물건들이 거기 있었고, 도저히 말로 다 할 수가 없습니다.

(메어리 엘리자베스 루시 『'찰리코트' 저택의 여주인』 1983년)

메어리 엘리자베스 자신도, 준남작 가문에서 태어난 영애이긴 했지만, 여왕 폐하가 마음에 들어 하신 유복한 여상속인 데이지와 월릭 백작의 아들 브룩 경의 조합에 비교하면, 다소 격이 다른 부분은 있었다. 회상에서는 호사스러운 물건들에 현혹되는 감정이 전해져 온다. 당시에는 이러한 물품을 축하연 참가자는 물론이고, 일반 견학자에게도 보여주는 관습이 있었다.

서필드 남작 영애 세실리아 하보드는 1878년 캘링턴 경과 결혼했을 때, 받은 선물들 다수

❀ 초대 레콘필드 남작의 손자 조지 윈덤. 정치가, 시인. 잉글랜드에서 가장 핸섬한 남자라 불렸다.

❀ 그로브너 경 부인 시벨. 스카브로 백작의 딸로 태어나, 공작 장남과 결혼했지만 젊은 시절 남편을 먼저 떠나보낸다. 아름답고 유복한 과부에게 수많은 구혼자가 모였지만, 조지 윈덤이 그녀를 차지했다.

를 타운홀에 전시했다. 견학자에게 소액의 입장료를 징수했고, 모인 57파운드의 수익은 지역의 소규모 병원(cottage hospital)에 기부했다고 한다.

전원의 대저택 그 자체가 수백 년 전부터, 인연도 관계도 없는 방문자를 가끔 받아들여 내부를 감상하도록 허용하는 풍습을 지니고 있었다. 예로부터 지배 계급인 귀족 사이에서 자신들의 생활을 채색하는 부와 미를 서민들의 눈에게 보여주는 것은, 단순한 자랑이 아니라 오

락과 교양을 나눠주는 자선 행위라는 생각
이 있었던 게 아닐까.

🌸 허니문의 행선지는

　결혼식이 끝나면 허니문이다. 현대의
감각으로는 해외여행이나 국내 관광이려
나……하고 상상할지도 모르지만, 당시의
상류 계급의 관습으로는 신혼여행의 형식
도, 행선지도 조금 달랐다. 19세기 초반까
지 신혼여행이라고 하면, 커플은 가족도
데리고 친척의 집을 방문하는 것이 일반적
이었다고 한다. 시대가 흐름에 따라, 친척
순회나 가족의 굴레에서 벗어나 '단 둘의
로맨틱한 여행'을 즐기고 싶다는 요망이
높아져 갔다.

　그런 사람들은 유럽이나 국내에서도 휴
양지로 여행가는 것을 선호하게 되었다.
그럼에도 전원의 대저택을 지닌 친척·친
구와 인연이 있는 상류 계급 사람들은 그
들의 저택을 일정 기간 비워달라고 부탁해
빌리는 쪽이 주류였다. 예를 들면, 샐리에

🌸 20세쯤의 로라 테
넌트. 글래스고의 실업
가·서민원의원의 딸.
거액의 지참금과 미모
를 겸비한 테넌트 자매
에게는 수많은 구혼자
가 몰려들었다.

🌸 제4대 리틀턴 남작
의 아들 알프레드. 작
위는 형 찰스가 물려받
았다.

있는 에드워드 7세 시대의 호화로운 저택 '폴즈 덴 레이시'에서는, 사교계에서 이름을 날리 던 그레빌 부인의 알선으로 조지 6세 부부 가 허니문의 일부를 보냈다고 한다.

웨스트 서섹스의 '업파크' 저택은 수많 은 색다른 일화를 지닌 저택이다. H·G·웰 스의 모친이 가정부(housekeeper)로 일했던 곳으로도 알려져 있으며, 옛날 1825년 주 인인 해리 페더스톤호 준 남작이 낙농(dai-ly) 메이드 메어리 앤 블록과 이례적인 신분 차이의 결혼을 한 곳으로도 알려져 있다.

❀ 로라 테넌트의 여동 생 마고. 쌍둥이처럼 사 이가 좋고 대담한 자매 였다고 한다. 훗날 수상 이 되는 허버트 애스키 스와 결혼했다.

1846년 해리 경이 세상을 떠난 후, 저택 은 아내 메어리 앤이 물려받았고, 1874년에는 여동생 프랜시스가 상 속했다. 이 프랜시스가 저택의 여주인이었던 시대, 그녀는 근처의 귀족과 지주들의 허니문에 업파크 저택을 제공했다. 조카인 조지에 게 '도서실 한 세트 분량의 책'을 서프라이즈로 선물한 헨리 백부님 레콘필드 남작도 1867년 신혼여행 때 머물렀고, 1882년에는 제5대 윈터튼 백작 부부, 그리고 1885년에는 남작 가문의 막내 알프레드 리틀런과 로라 테넌트가 '상상한 것 이상으로 행복한' 허니문을 보냈 다. 다만 슬프게도, 그로부터 11개월 후, 로라는 출산으로 목숨을 잃 고 만다. 세균에 의한 감염증 구조는 파악했으나, 항생물질은 20세 기가 된 후에나 겨우 보급되었다. 19세기 당시, 출산은 아직 목숨을 건 일이었다.

🌸 새신부의 시련

일부 '너무 순진한' 신부에게 있어 허니문은 행복하기만 한 것은 아니었다. 성에 대한 정보는 철저히 멀리하며 자라 온 100년 전의 영애 중에는, 거의 아무것도 모르는 채로 시집을 와서 굉장히 괴로운 체험을 한 사람도 있다. 에어리 백작부인 메이벨은 나중에 데스버로우 남작부

🌸 3시간 전에 결혼해 신혼여행을 떠난 신부. 소설 『톰 존스』를 남편에게 사달라고 조른다. 버린 아이를 찾아가는 사랑의 편력 이야기는 '결혼할 때까지는 안 된다고 아빠가 금지했었단 말이야' 『펀치』 1891년 12월 5일.

인이 되는 에셀 그렌펠에게 이런 편지를 보냈다. '허니문은 계속 참담한 기분 속에서 보냈어요' '그때까지는 계속 상태가 안 좋았던 적은 없었는데, 계속 정신을 잃었죠. 죽는 거 아닐까 싶을 정도로 무서웠고, 그리고 고문 때문에 괴로웠어요!'

저택을 빌려준 친구는 집의 하인과 말과 마차 등을 그대로 남겨두었고, 신혼 커플이 아무런 불편 없이 지낼 수 있도록 배려했다. 그렇다고는 해도 빌리는 쪽은 남의 집에서 '남의 하인들'에게 둘러싸여 지내게 되므로, 프라이버시도 다소 불안하고, 어쩌면 아직 익숙하지 못한 신혼 아내는 여주인으로서 가정을 돌아보는 앞으로의 임무에 대

한 중압감을 느꼈을지도 모른다. 친구의 저택에 머무는 신혼여행은 아직 어린 아이였던 '영애'가 우수한 '영주 부인'이 되기 위한 시련의 장, 몸과 마음도 성숙한 여성이 되기 위한 통과의례가 아니었을까.

신혼여행을 마치고 가족의 집으로 돌아오면, 하인과 차지인(借地人, 땅을 빌려 쓰는 사람들-역주) 일동이 저택 앞에 집합해, 주인 부부를 마중하는 것이 관례였다. 루이자 스콧은 지주인 필립 요크와 1902년에 결혼했고, 그의 저택 '아시그'에 귀환했을 때의 일을 기록해 두었다. '교회의 종이 울려 퍼지고, 사람들의 무리가 환호소리를 내며 2개의 개선문(영지의 장인들이 만든 것입니다)으로 마중을 나왔습니다.' 하인들은 말을 분리한 마차를 그대로 저택까지 끌고 갔고, 필립과 루이자는

✤ 어떤 옥스포드셔의 지주가 신부를 자택으로 데리고 돌아가는 모습. 영주민들이 총출동해 차를 끌며 환영한다. 1900년대.

🌸 메이드인 애니 '이젠 "아가씨"라고 부르면 안 되겠네요, 사모님. 이젠 "사모님"이 되셨는걸요. 그죠, 아가씨' 결혼식 후에. 『펀치』 1912년 4월 17일.

그들에게 차를 대접했다. 그 후 부부는 스스로 하인들의 홀로 내려가, '연설을 하고' 아내는 '사랑스러운 하얀 꽃 부케를 받았다'고 한다.

주인이 결혼하면, 영주민과 하인들은 돈을 모아 선물을 했다. 1883년, 후작 영애 모드 세실은 상급 하인 일동에게서 '무척이나 사랑스러운 은 손거울과 브러시'를 받았다.

유럽을 가거나, 친구의 저택에 가거나, 아니면 루이자와 필립 요크 부부처럼 사이클링 여행을 하거나, 형태가 어떻든 허니문에서 돌아와, 처음으로 저택에 발을 들여놓는 그 순간부터, '영주 부부'의 새로운 스테이지가 시작된다. '경사났네, 경사났어' '그리고 두 사람은 영원히 행복하게'……? 자, 그 다음에 대해서는 다음 장에서 확인해보도록 하자.

Column 19세기 말 대귀족의 수입

다음 페이지의 표는 1883년 잉글랜드, 웨일즈, 스코틀랜드, 아일랜드의 대지주가 소유한 토지 면적과 연간 평가액을 조사해 발행된 책을 기초로 작성된 것이다. 연간 평가액 7만 파운드 이상의 인물을 발췌하고, 금액순으로 정렬했다. 조사 내용 중에서는 특히 임대료가 비싸다고 생각되는 런던의 주택가와 상업 지역의 평가액은 제외되어 있기 때문에, 이 지역의 대지주였던 베드포드 공작과 웨스트민스터 공작의 수입이 실제보다 낮아져 있다는 사실을 유의해줬으면 한다.

❀ 유럽 여행 준비 중인 뉴욕의 백만장자의 딸들. 열심히 연구하는 것은 '마리'와 '베데커'의 여행 가이드가 아니라, 남편 후보를 찾기 위한 '버크'나 '데블릿'의 귀족 명감. 『펀치』 1880년 12월 13일.

일람 속에서 스스로 작위를 가진 유일한 여성 대지주는 윌로비 디 에즈비 여성 남작. 또, 표에는 없지만 세상을 떠난 남편으로부터 상속받은 수 천 파운드부터 수 만 파운드 상당의 영지를 관리하는 과부도 있었던 모양이다.

사교계에 이제 막 나선 영애로서는, 이 리스트에 실려 있는 정도의 대규모 지주나 그 계승예정자를 남편으로 맞이한다면 상당히 좋은 인연을 만났다고 할 수 있었을 것이다.

그레이트 브리튼과 아일랜드의 유복한 대지주, 1883년

이름	소유지 면적 (에이커)	토지에서 연간 수입 (파운드)	이름	소유지 면적 (에이커)	토지에서 연간 수입 (파운드)
버크루 공작	460,108	217,163	보인 자작	30,205	88,364
존 람즈덴 경 (준 남작)	150,048	181,294	포틀랜드 공작	183,199	88,350
데본셔 공작	198,572	180,750	레콘필드 남작	109,935	88,112
노선버랜드 공작	186,397	176,048	브라운로우 백작	58,335	86,426
더비 백작	68,942	163,273	리처드 윌리스 경 (준 남작)	72,307	85,737
뷰트 후작	116,668	151,135	아버러 백작	56,893	84,649
베드포드 공작	86,335	141,793	리치몬드 공작	286,411	79,683
서덜랜드 공작	1,358,545	141,667	시필드 백작	305,930	78,227
피츠윌리엄 백작	115,743	138,801	펜브룩 백작	44,806	77,720
더들리 백작	25,554	123,176	노포크 공작	49,886	75,596
칼소프 남작	6,470	122,628	뉴커슬 공작	35,547	74,547
앵글시 후작	29,737	110,598	윌로비 디에즈비 남작	132,220	74,006
홀든 남작	10,109	109,275	해밀턴 공작	157,386	73,636
런던델리 후작	50,323	100,118	파이프 백작	249,220	72,563
래틀랜드 공작	70,137	97,486	다람 백작	30,471	71,671
클리브랜드 공작	104,194	97,398	론즈데일 백작	68,065	71,333
다운셔 후작	120,189	96,691	엘즈미어 백작	13,222	71,290
존 센트 오빈 경 (준 남작)	6,555	95,212	펜린 남작	49,548	71,018

(존 베이트먼 『그레이트 브리튼과 아일랜드의 대지주』 1883년에서 인용)

제6장

귀족 부인의
의무

🐢 후계자와 그 예비

　차가운 잿빛 눈동자로 절 응시하며, 그녀는 계속 말했습니다. '당신의 제1 임무는 아이를 낳는 것, 그것도 아들이어야만 합니다. 그 시건방진 윈스턴이 공작이 되다니, 견딜 수 없는 일이니까요. 벌써 뱃속에 아이가 있는(in the family way) 건가요?' 윈스턴을 이기지 못했던 자신의 무기력함에 완전히 의욕을 잃고, 그녀가 내린 중책에 침울해하면서도, 저는 그녀 앞에서 물러날 수 있어서 기뻐하고 있었습니다.

　　(콘수엘로 밴더빌트 발산『빛나는 것과 황금』1953년)

　미국의 부호의 딸이던 콘수엘로 밴더빌트는, 영국의 제9대 말버러 공작 찰스 스펜서 처칠과 1895년에 결혼했다. 결혼식 몇 개월 후, 남편의 조모인 전 공작부인(dowager Duchess)에게 처음으로 소개됐을 때의 대화이다. '저 건방진 윈스턴'이란 물론, 훗날의 영국 수상 윈스턴 처칠을 말한다. 그의 부친은 제7대 말버러 공작의 삼남, 랜돌프 경이었다. 윈스턴의 어머니 제니 제롬도 부(富)로는 밀리지만 같은 미국인이었기 때문에, 입장은 별로 다르지 않았을 테지만, 전 공작부인으로서는 장남의 자식을 기대했던 건지도 모른다.

　너무나도 거침없던 전 공작부인과의 대화로부터 18개월 후인 1897년. 콘수엘로는 미래의 제10대 공작이 될 장남 존(브랜드포드 경)을 출산했다. 그리고 1년 후, 차남인 아이버가 탄생. 순조롭게 남자 아이가 계속 태어났기 때문에, 남편의 어머니는 '미국인이라서 그런

✿ 말버러 공작부인 콘수엘로와 두 사람의 아들, 훗날 제10대 공작을 이어받는 존(우)과 갓 태어난 아이버.

걸까'라며 기분 나쁘다는 건지 칭찬인지 모를 코멘트를 던졌다. '이렇게 저는 의무를 다했고, 어느 정도까지는 자신의 인생의 즐거움을 추구해도 용서받으리라 느꼈습니다'라고 자서전에 적혀 있다.

앞 장에서도 가볍게 다뤘는데, 19세기 최후의 4반세기부터 20세기 초에 걸쳐, 이 말버러 공작부인 콘수엘로, 혹은 제니 제롬 외에도, 미국 여상속인이 대서양을 건너 영국 상류 계급의 아내가 되는 예는 계

🌸 랜돌프 처칠 경 부인이 된 제니 제롬(앞열 중앙). 왼쪽은 존 올리버 홉스란 필명으로 활동한 작가 펄 크레이기, 오른쪽은 피아니스트 나탈리아 야노타. 남성은 오르간 연주자이자 작곡가인 월터 패럿. 1899년.

속되었다. 엄밀하게 말하면 그녀들의 체험은 이 책의 제목인 '영국 귀족의 영애'에서는 벗어나는 건지도 모르지만, 결혼 후 그녀들의 어깨에 '묵직하게' 주어지게 되는 귀족부인으로서의 의무는, 태어나면서 귀족이든 결혼으로 얻은 입장이든 다를 게 없었다. 여기서는 구별하지 않고 검토하도록 하겠다. 영국 상류 계급의 풍습을 잘 모르고 찾아 온 미국 소녀들의 놀라움은, 오히려 현대를 살아가는 우리의 감각에 가까울 것이다.

자, 전 공작부인의 말대로 남자 '후계자(heir)'를 하나, 가능하면 '예비(spare)'로 또 한 명이나 두 명의 남동생을 낳는 것은, 당시의 귀족부인에게 기대되는 최초의 의무였다. 위생·의료라는 점에서 현재보다 훨씬 위험도가 높았던 시대다. 남자아이를 갖기를 기대하며 계속 딸을 낳고, 또는 피임을 좋게 생각하지 않는 기독교의 사고방식을 따라 제한 없이 임신·출산을 되풀이하면, 목숨을 잃거나 건강을 해친 상태로 회복이 되지 않는 등의 비극을 만날 확률도 높았다.

앞 장에서 다루었던 로라 테넌트나, 유산과 당시의 불임 치료로 건강을 해쳐 36세의 젊은 나이에 세상을 떠난 커즌 경의 최초의 부인 메어리 등, 이러한 예는 너무 많아 일일이 셀 수도 없다. 비타 색빌웨스트는 첫 출산으로 죽을지도 모른다고 생각하고, 여성 연인 두 명에게 보석 장식품을 하나씩, 그리고 남은 전 재산은 남편에게 넘겨주도록 유언을 남겨두었다고 한다.

그렇다고는 해도, 어떻게든 첫 번째 의무에서 살아남아 후계자와 예비를 확보해도, 해야 할 일은 아직 남아 있다. 두 아들의 은혜로 '해방되었다'고 생각했던 콘수엘로도 예외는 아니었다. 그녀는 임신

✿ 존 싱어 서전트 「애치슨의 영애들, 알렉산드라, 메어리, 그리고 테오」 1902년. 왼쪽부터 알렉산드라, 테오도시아, 메어리. 부친은 제4대 고스포드 백작, 어머니 쪽의 조모는 유명한 가장무도회를 연 제8대 데본셔 공작부인 루이즈.

7개월 상태로 당시 런던 사교계의 중심지, '데본셔 하우스의 가장 무도회'에 출석했다. 이것은 후계자를 얻는 것과 마찬가지로 중요한 일이었다.

🌸 '저택의 여주인'의 일

인생의 굉장히 빠른 단계에 난 커다란 저택을 다스리는 입장이라는, 여주인(mistress)에게 주어지는 것의 크기에 전율했던 것을 기억한다. 최소한의 프라이버시만이 주어졌고, 끊임없이 한 수 앞을 내다보며 생각해야 했다. 자기 자신의 만족할 만한 인생과 바꾸기를 강요당하는 것이다. 내가 아는 저택의 여주인(mistress)들은, 진정한 의미로 현재의 시간을 살아간다는 자유가 결여되어 있는 것처럼 보였다—그저 지나가는 시간을 즐긴다는 의미를 제외하면. 그녀들은 미래의 계획에 너무 심하게 마음을 빼앗기고 있다. 실제로 머리를 점유하고 있는 것은 가족, 집안의 하인들과 차지인들에 대한 것이다. 끝없는 마을의 일. 손이 많이 가는 교구의 정치, 그리고 끝없이 찾아왔다 떠나가는 손님들. 그녀들은 아무런 일이 없어서 책을 읽는다거나 자신의 취미를 추구하는 그런 시간은 거의 갖지 못했다.

(신시아 애스키스 '녹색 베이즈 문 앞에서' 노엘 스트레트필드 엮음 『어제보다 전날』에 게재 1956년)

개인실(boudoir)에서 바쁘게 편지를 쓰는 사교계의 여성. 『런던 매거진』 1904년.

🌸 아침, 침대에서 하인에게 지시를 내리는 여주인 엘리노어 그린.

　신시아 애스키스가 품은 '귀족 부인의 의무'에 대한 복잡한 마음은 자신의 체험이라기보다는, 어머니의 활동을 보고 자란 것이 반영된 모양이다. 신시아의 어머니는 윈덤가 3자매의 장녀로서, 그 미모를 사람들의 기억에 각인시키는 엘코 경 부인 메어리, 훗날 제11대 윔즈 백작부인이다. 1883년 결혼한 후, 앞서가는 사교계 그룹의 중심 멤버로서, 독특한 미의식을 지닌 귀족 동료들을 대해 왔다. 그럼 딸인 신시아의 회상과 함께, 귀족 부인의 일상을 쫓아가 보자. 그녀는 모친의 여주인의 모습을 이렇게 기억했다.

　매일같이 아침에는 가족이 '처리(coping)'라 부르는 상태가 되어 격투하는 어머니의 모습을 난 봐왔다―아침 식사 트레이는 옆으로 치워져 있었고, 그녀의 침대 위에는 여러 장의 종이가 널려 있었다. 거기에는 복잡하게 얽힌 그 날의 계획이 적혀 있

✿ 여주인 '그만두고 싶다고? 제인. 꽤나 갑자기네' 제인(뺨을 붉히며) '그러지 마세요 사모님, 그와 만나고 벌써 3일이나 됐어요!' 『펀치』 1906년 5월 2일.

는 것이다. (중략)

  엄마가 손님맞이와 침실과 자리 배분을 할 때, 그녀의 머릿속의 대부분은 다음 주에 열릴 파티 계획이 점유하고 있었으며, 시간대별로 뭘 할 것인지까지 동시 진행으로 생각하고 있었다—'하지만 신시아, 넌 친구들하고 같이 토요일 밤에 무도회에 가잖니. 그러면 아빠랑 있을 브릿지 테이블 네 명째는 누가 들어오려나. 그리고 그 건이랑, 이 건은? …그리고 일요일 밤이 문제야. L 교수님께서 강의해주시기로 약속하셨어. D씨도 듣고 싶어 했는데, 그런데 유감스럽게도 B 부인은 귀가 잘 안 들리시니까, 낭독도 서레이드(몸짓으로 단어를 설명해 맞추는 게임)도 무리네. 부인의 상대는 누가 해주려나? 그래, 그 분, 베지크 (Bezique, 두 사람 또는 넷이서 64장의 카드로 하는 트럼프 놀이)라면 하실

수 있겠네. 신시아, 누구 근처에 베지크 할 줄 아시는 분 없니?'

(신시아 애스키스 『추억과 기쁨』 1952년)

남성과 젊은 미혼 여성들은 조식은 아래 방으로 내려와 먹는 것이 매너였는데, 기혼 여성은 트레이에 담긴 조식을 침대까지 가져오는 것이 허용되었다. 여주인의 아침은 식사도 하는 둥 마는 둥, 신문이나 편지나 지시서를 침대에 잔뜩 쌓아두고, 끝없이 무언가를 쓰는 것부터 시작되었다.

그리고 조식을 마치고, 가족의 기도 시간 후 여주인은 응접실(drawing room)이나 개인실(boudoir)에 가정부(housekeeper)를 불러, 파티 협의와 장부 점검, 하인들에게 지시를 내린다. 요리를 담당하는 스태프도 부르지만, 집에 따라서는 스스로 부엌으로 간다. 프랑스인 남성 급사장(chef)이나, 아니면 여성 요리사(cook)가 제출한 메뉴를 승인하고, 때로는 변경하기도 한다.

하인들은 각각 자신의 일에 프라이드를 갖고 있으며, 담당하는 일의

🌸 엘리노어 그린(1864~1943). 『잇』 『3주간』 등으로 인기를 모은 연애 소설가이자 각본가. 커즌 경과의 관계로도 알려져 있다. 1902년의 사진.

경계가 만나는 곳에서는 다툼이 발생하기 일쑤였다. 그렇기 때문에 여주인이 잘 지휘해 수습할 필요가 있다. 또, 하급 메이드들은 나이도 차지 않은 10대 초반의 소녀인 경우도 많았기 때문에, 여주인은 미덕의 수호자임을 자인하고 가정부에게 지시해 불량행위가 없도록 감시하게 했다. 즉, 여주인의 의무에는 하인을 통솔하는 사령관 역할이 포함되어 있었다.

🐢 '호스티스'의 하루

(사교기의 런던에서 주말 파티를 열기 위해) 저희는 토요일 아침에는 브레넘으로 돌아왔고, 그 날의 오후 늦게는 손님이 찾아왔습니다. 이처럼 유예가 없는 방문을 받아 수많은 트러블이 발생하기 때문에, 저는 완전히 혐오감이 생기고 말았습니다. 30개의 객실을 가정부를 데리고 점검하며 돌아보면, 대개 고치기에는 이미 늦은 것만 같은 문제점을 발견해버리는 겁니다. 급사장과 대화하면 항상 부하의 한심한 실수에 대해 논할 뿐. 집사(butler)에게 명령하면 악의를 담아 어떻게든 급사장을 실수하게 만들려고만 할 뿐―그런 주장을 들어주다보면, 파티의 요리는 엉망이 되어버리고 맙니다.

메뉴를 승인하고, 각각의 손님에게 방을 배정합니다. 나아가서는 그 사람들과 같이 둘러앉을, 형식에 치우친 식탁에 앉는 순서를 3회분 결정하는 데 긴 시간을 소비했습니다. 당시 지위

❀ '그 검은 부채를 든 여성을 소개해주실 수 없습니까' '좋고말고요. 그럼 그녀의 이름은—그리고 당신은?' 『펀치』 1886년 5월 1일. 손님의 신분과 취향을 파악해 소개해주는 것이 호스티스의 의무일 텐데.

❀ 컨트리 하우스 파티에서는 남성진이 사냥을 나가버리면 남아 있는 여성들은 따분해지기 때문에, 현명한 여주인은 사냥을 하지 않는 미남 접대요원을 불러두었다. 『펀치』 1891년 9월 5일.

에 따른 우선순위는 엄격하게 지켜져야만 했습니다. 다만 단순히 착석 순서를 정하는 것만이 아니라, 만찬실에 들어갈 때의 행렬 순서도 마찬가지였습니다. 그 당시, 스스로 편지를 쓰지 않는 것은 가정교육을 제대로 받지 못했다고 생각됐는데, 제게는 비서가 없었습니다. 그렇게 되면, 단순히 기계적인 작업량이 엄청 늘어납니다─편지를 쓰고, 답장을 쓰고, 초대장과 메뉴 카드를 쓰고, 기타 이것저것 지시를 내립니다. 그렇게 하지 않으면 사교 행사를 원만하게 진행할 수가 없습니다─이 작업에 자신의 시간을 대폭 빼앗겼습니다.

(콘수엘로 밴더빌트 발산 『빛나는 것과 황금』 1953년)

✦ 대부분의 전원 대저택(컨트리 하우스)에는 당구장이 설치되어 있었다. 신사의 영역이긴 하지만, 이브닝드레스 차림의 여성도 즐겼다. 『일러스트레이티드 런던 뉴스』 1901년.

🌸 만찬 후에는 휘스트(whist, 주로 2인 1조로 총 4명이 대전하는 트럼프 게임의 일종). 큰돈을 거는 놀이도 밀실에서 횡행했다.

　체재 중인 손님이 누구하나 따분하지 않도록 심혈을 기울이고, 젊은 남녀를 지위에 맞게 자연스럽게 만나게 하며, 아무도 고립되지 않도록 대화를 이끌고, 맛있는 요리를 대접하도록 노력한다. 식사가 진행되고, 디저트가 끝날 때쯤, 타이밍을 보아 여주인이 일어서 여성들만 재촉해 만찬실에서 응접실로 이동하게 한다. 남아 있는 남성들은 담배와 포트와인을 즐기며 남자들끼리 대화를 나눴다. 적당한 시점에 남성들이 응접실에 합류한다.

　그 후, 음악과 가벼운 댄스를 즐기거나, 트럼프나 당구, 아니면 퀴즈, 제스처 게임 등 '응접실의 놀이(parlour game)'가 진행되었다. 여기서도 아무도 고립되지 않도록 배려하는 것이 호스티스의 의무였다. 집마다 정해진 시간이 되면, 그 날의 행사는 종료된다. 계단 홀의 작은 방에 준비된 양초를 들고, 각각 배정된 방으로 돌아갔다.

🌸 정계의 귀부인

🌸 레이디 콘스탄스 불워 리튼(1869~1923)
은 백작 작위를 받은 외교관·정치가의 딸.
전투적인 여성 참정권 운동에 참가한다.
귀족의 신분을 숨기고 가명으로 형무소에
수감되었으며, 일반 여성활동가가 받는 가
혹한 처사를 직접 체험하고 폭로했다.

파티를 여는 호스티스는 초대객의 지위 순서를 파악하고, 인간관계를 읽는 능력이 필요했다. 미국에서 자라 영국의 계급 제도에 익숙하지 않은 콘수엘로는 굉장히 고생했던 모양이다.

저의 첫 대형 파티에서 있었던 일이라 생각해요. 손님 중에 백작님이 네 분 계셨는데, 저는 각각의 지위 순서대로 주의를 기울여 줄을 세울 생각이었죠. 그랬더니 굉장히 놀라운 결과가 되어버렸어요. 2일째 밤에 네 분 중 한 분이 지위 순서가 지켜지지 않는다고 하신 거예요. 그 분은 B경보다 앞에 계시게 했어야 했던 거죠.

(콘수엘로 밴더빌트 발산)

이처럼 사적인 자리에서 손님들을 만족시키고, 높은 평가를 받아내면 남편의 활동에도 도움이 된다. 사교계에서의 평판은 당주의 작위와 직함, 공적만이 아니라, 여주인의 기지, 취미가 얼마나 훌륭한지, 파티의 취향, 그녀의 본가의 인맥, 즉 그 집에서 받을 수 있는 대접의 질을 가미해서 결정되기 때문이다.

✿ 제8대 데본셔 공작 부인 루이즈 (1832~ 1911). 하노버의 백작의 딸로 태어났다. 우선 처음에는 제7대 맨체스터 공작과 결혼했고, 1890년에 사별. 훗날의 데본셔 공작과 1892년 재혼했고, '2중 공작부인(double Dutchess)'이라 불린다.

상류 계급의 '가장'의 의무란, 일가의 수입의 가장 중요한 위치를 차지하는 영지를 유지 · 운영하며, 국회의원, 치안판사, 군무 등 '집 밖'의 '공적인' 활동에 힘을 쏟는 것이었다. 한편 '사모님'은 그런 남편의 일을 지지하며, '집 안'의 운영과, '사적인' 사교에 힘을 쏟는다. 그것이 귀족 부부의 대략적인 역할 분담이었다.

예를 들어 역대 런던델리 후작부인, 데본셔 공작부인, 솔즈베리 후작부인, 랜돌프 경 부인 등, '정계의' 부인들은 사적인 파티를 통해 강대한 영향력을 행사했다고 한다. 갓 시작한 젊은 신출내기 의원 등은, 이처럼 강력한 여성이 주최하는 파티에 불려가, 마음에 든다면 든든한 배경을 기대할 수 있으며, 꺼려하게 되면 승진이 늦어지기도 했다.

전간기(戰間期, 세계대전 사이 전쟁이 없던 기간. 1919~1939–역주)에 외무

🌸 하이드 파크에서의 여성참정권 운동 행진. 1910년. 왼쪽부터 에멀린 페식 로렌스, 크리스타벨과 실비아 팽크허스트 자매, 에밀리 와일딩 데이비슨. 그녀는 1913년의 더비 경마에서 국왕 조지 5세의 말 앞에 몸을 던져 사망한다.

상을 맡았던 오스틴 챔벌레인은 정계의 귀부인이 '악수할 때 내미는 2개부터 10개까지의 손가락 숫자'로 자신의 정치적인 지위를 계산할 수 있었다고 말했다.

남편이 서민원에 입후보하면, 그녀들은 남편의 유세에 함께 하며 유권자가 있는 집을 방문하고, 투표를 권유했다. 집집마다 방문하는 것은 현대 일본에서는 선거법 위반이지만, 당시의 정치가 아내로서는 당연한 선거운동이었다.

귀족부인 중에는 레이디 콘스탄스 불워 리튼이나 제9대 칼라일 백작부인 로자린드처럼, 진취적으로 여성의 권리 획득 운동에 몸을 던진 레이디도 있었지만, 반대로 그런 활동에 반대하는 동맹 쪽에 참가한 여성도 적지 않았다. 보수적인 귀부인들은 정치는 본질적으로 '남자의 일'이며, 여성에게 참정권 따위는 '불필요하고 불결한 것'이라 생각했다.

❀ 나라를 잃은 마하라자 둘레프 싱의 딸들. 왼쪽부터 밤바(1869~1957), 캐서린(1871~1942), 소피아(1876~1948). 영국에서 태어나 귀족사회에서 자랐고, 20세기 초에는 런던의 여성참정권운동에 참가했다. 1892년경, 왕궁 배알용 드레스를 입은 모습.

영국에서 일부 여성에게 참정권이 인정되고, 스스로 한 표를 던지거나 국회의원으로 활동하는 것이 가능해진 것은 1918년의 일이었다.

🐢 아이들을 위해

19세기 후반부터 20세기 초에 걸쳐, '태플로 코트' 저택의 여주인으로 활약했던 데즈버러 남작부인 에셀은, '비할 데 없는 호스티스'로 칭송받았다고 한다. 제인 아브디와 샬릿 기어의 『더 소울즈』(1984년)에 의하면, 데즈버러 남작부인은 한 번의 여름 동안 10번이나 '토요일부터 월요일까지' 위크엔드 파티를 열었다.

일요일 점심과 템스강 뱃놀이를 조합한 당일치기 파티도 있었다. 이것은 '태플로 코트' 저택이 런던의 패딩턴 역에서 철도로 20분 걸리는 편리한 장소에 있었기 때문이기도 하다. 옛날 하우스 파티라면 몇 주일 동안 머무는 것이 당연했지만, 19세기 말경에는 철도망의 발달로 인해 기간이 짧고, 템포가 빠른 '토요일부터 월요일' '위크엔드 파티도 선호 받게 되었다.

가을, 겨울에는 사냥. 봄부터 초여름은 크리켓이나 보트 레이스 관전, 애스코트 경마장 관전이나 와이트 섬의 요트 놀이 등, 어른들을 위한 계절 이벤트에 맞춰 장소를 변경하고, 여주인들은 바쁘게 친구들을 대접했다. 그리고 때로는 다음 세대를 내다보는 파티도 기획한다. 제4장에서 본 것처럼, 영애의 데뷔 시기에는 딸의 결혼상대를 찾기 위한 무도회나 만찬회를 매일 열었고, 더 어린 아이들을 위한 즐거

❀ 윈저의 애스코트 경마장에서 대형 레이스가 열린 다음 일요일, 옆 마을 메이든헤드에서
보트 놀이를 즐기는 사람들. '런던의 사교 캘린더' 1910년대.

운 모임도 열렸다.

예를 들어 데즈버러 남작 부인은 1905년, 장녀 모니카가 아직 11세일 때, 아이를 위한 가장무도회를 개최했다. 이 당시의 소년소녀 가장무도회는 '신데렐라 무도회'라고 불리며 크게 유행했다. 어른하고는 다른 아이만의 귀여움을 추구하며 몸치장을 하는 아이의 복장 문화도 성숙해졌다는 것을 보여준다.

또 그녀는 아들을 위해서 이튼 학교의 학생들을 초대해 머물게 했다고 한다. 한 방에 4명씩 소년들을 몰아

🌸 제6대 런던델리 후작부인 테리사(1856~1919). 영국과 아일랜드의 연합 유지를 바라는 정치 활동을 사교계를 통해 열심히 전개했다.

넣어, 굉장한 대인원이었던 모양이다. 양가의 자제들이 다니는 퍼블릭 스쿨 중에서도 특히 이름 높은 이튼의 학우들을 환대하는 것은, 아들의 장래 커리어에 도움이 되리라 생각했을 것이다. 다만 슬프게도, 어머니의 배려가 결실을 맺는 날을 기다리지 못하고, 세 아들은 모두 젊은 나이에 세상을 떠나고 만다. 위의 두 사람은 제1차 세계대전 중에 전사, 막내는 전후에 교통사고로 세상을 떠났다.

✿ 데즈버러 남작부인 에셀 그렌펠(1867~1952). 웨스트모랜드 백작의 손녀딸로 태어났으며, '더 소울즈'의 중심인물로 동료들을 대접했다. 1909년 애스코트 경마장에서.

✿ 런던의 로즈 크리켓 장에서 열린 이튼 교와 할로우 교의 대항시합. 영국 유수의 퍼블릭 스쿨에 의한 항례 대결이었으며, 귀족 관계자와 OB들이 관전하러 모였다. '런던의 사교 캘린더' 1910년대.

🐢 방 배정이 보여주는 어른의 사정

영국풍의 식탁의 자리 순서는, 그 집의 주인과 여주인이 긴 테이블 끝과 끝을 차지하며, 짝이 된 여성이 남성의 오른쪽 옆에 앉고, 남녀 교대로 앉는 식이었다. 참고로 말버러 공작가의 브레넘 궁전에서는, 일반적인 영국식과는 달리 유럽풍으로, 긴 테이블 중앙 부분에 주인과 여주인이 마주보며 앉은 형식을 취한 모양이다. 손님들의 교류를 촉진하기 위해, 부부로 참가해도 옆자리에 앉지 않는 것이 철칙이다. 초대한 남녀의 숫자도 가능한 한 짝이 맞게 해야만 했다. 물론 갑자기 취소하거나 예정에 없던 방문도 있기에, 이상과 현실은 달랐다.

그럼 손님에게 배정된 침실은 어땠을까. 여기서도 여주인의 배려가 최대한 발휘되었다. 레이디 다이애나 쿠퍼에겐 소녀 시절에 어머니 래틀랜드 공작부인 바이올렛이 손님들의 침실 배치를 정하는 것을 본 기억이 있다. (아마도 사이가 좋지 않은) 부부는 떨어뜨리고, 정부끼리 가까운 방에 배치하는 것은 당시 파티 주최자로서는 당연한 배려였던 모양이다. 실제로 레이디 다이애나 자신도 남편이 아닌 정부의 자식이었다는 것이 통설이다.

레이디 다이애나의 어머니나 신시아 애스키스의 어머니 엘코 경부인 메어리, 데즈버러 남작부인, 인도 부왕 커즌 경과 수상도 지냈던 아서 밸포어 등을 포함한 사교계의 소모임은, 1880년대부터 1920년대까지 활발하게 교류하며 '더 소울즈'라 불렸다.

한편, 즉위 전부터 방탕하기로 유명했던 에드워드 7세(1841~1910)의 측근 그룹은 왕태자 부부의 런던 주거지의 이름을 딴 '말버러 하

🌸 훗날의 데즈버러 남작부인과 두 아들. 줄리안(우)과 윌리엄(좌).
1890년대.

우스 셋'이라 불렀다. 빅토리아 여왕의 측근 집단과, 앞서 말했던 정
치가 부인들을 중심으로 하는 그룹 등도 포함해, 사교계 내부에는 소
수의 인원이 모인 '동료 집단(set)'이 존재했으며, 각각 다른 취향, 노
는 방식, 사람을 사귀는 방식, 미의식과 윤리관을 지녔다.

에드워드의 말버러 하우스 셋은 특히 '향락적(fast)'이라 여겨졌다.

🌸 시장 관저에서 열린 아이들의 가장무도회. 공들여 만든 의상을
입은 양가집 영애, 도련님들. 『런던 생활』 1902년.

사냥과 경마, 도박을 추구하며, 부부 이외의 정사가 당연하다는 분위
기였다. '더 소울즈'는 좀 더 스토익했으며, 문학과 예술을 좋아하고,
미와 기지로 가득한 대화를 사랑했다고 한다. 그렇다고는 해도 레이
디 다이애나의 예를 볼 것도 없이, 이곳에서도 역시 서로의 혼인의
인연을 문제 삼지 않고 로맨스를 추구하는 면은 있었다. 이러한 '앞

🌸 1898년, 커즌 경이 인도 부왕으로 임명된 것을 축하하며 런던의 호텔 세실에서 열린 파티.

서 나가는' 사람들을 싫어하는 도덕적인 귀부인들도 당연히 있었다. 각각의 동료 집단은 겹치는 부분이 있었으며, 서로 출입하기도 했지만, 그룹 밖에서는 멤버의 비밀을 발설하지 않는 것이 의무였다.

제5장에서 다루었던 '여상속인' 월릭 백작부인 데이지도 에드워드 7세의 정부 중 한 사람이었으며, '말버러 하우스 셋'의 멤버였다. 엘리노어 그린의 회상록 『로맨틱한 모험』(1937년)에 의하면, 데이지가 자택 '이스턴 롯지'에서 연 하우스 파티에는 비밀의 연인들을 도우려는 듯한 배려가 곳곳에 있었다고 한다. 예를 들면 밤에 현관홀에 설치된 은촛대를 각각 하나씩 가지고 방으로 돌아가라고 할 때, 연인은 촛대에 불을 붙여 마음속의 상대에게 넘겨주면서 다음 날 아침 만나기로 하는 약속을 살짝 속삭였다고 한다. 그렇지 않으면, 조식 트레이에 메모가 놓여 있던 건지도 모른다. 이것은 그의 종자(valet)가 그

녀의 시녀(lady's maid)에게 받아 온 것으로, 언제 어디서 만나서 산책할 것인지에 대한 제안이 적혀 있었다.

그리고 다음날 아침, 정원으로 산책을 나가는 커플을 사정을 모르는 누군가가 따라가려고 하는 낌새가 보이면, 여주인 데이지는 곧바로 그 누군가에게 말을 걸어 두 사람이 안전하게 탈출할 수 있게 했다.

추문 엄금

당시 상류 귀족 사회에서, 특히 '후계자와 그 예비'를 만든다는 제1 의무를 다한 후의 기혼 여성에게는 어느 정도까지 자유로이 행동하는 것이 허용되었다고 볼 수 있다. 그렇다고는 해도, 문제가 있는 정보는 가능한 한 내부에 머물게 했고, 외부에 새어나가지 않게 하는 것이 철칙이다. 월릭 백작부인 자신도 회고록에 이렇게 기술했다.

저희의 철칙은 '추문 엄금(no scandal)'이었습니다. 트러블이 일어날 것 같은 우려가 있을 경우에는, 제지하는 압력이 들어올 것을 각오해야만 했습니다. 그건 때로는 매우 고귀한 분들 방면에서 내려오는 경우도 있었고, 대부분 항상 성공했습니다. 일이 공공연하게 드러나면 소문의 표적이 되는 것을 피할 수 없다는 것을 알고 있었습니다. 그리고 저희는 이런 생활을 바꿀 생각이 없었기 때문에, 추문이 6개 있으면 그중 5개는 절대

❧ 윌릭 백작부인 데이지와 아들 메이너드, 딸 마시. 유복한 여상속인에서 에드워드의 공식 정부가 되고, 훗날에는 자선 활동과 사회주의사상이 심해지면서 재산을 잃는다. 파란으로 가득한 생애를 보냈다.

로 바깥 세계로 새어나가지 않도록 주의했습니다.

(윌릭 백작부인 프랜시스 '데이지' 『나중에 생각난 것들 등』 1931년)

19세기 말 '말버러 하우스 셋'을 돌아본 윌릭 백작부인 데이지의 회상은 어딘가 모르게 애매한데, 실제로는 어떤 일이 일어났던 걸까. 애니타 레슬리 저 『사랑에 빠진 에드워드 시대 사람들』(1972년)에 의하면, 1889년경, 데이지(프랜시스)는 베레스포드 경과 관계를 갖고 있었는데, 그의 아내에 의해 불륜의 증거가 되는 편지가 변호사의 손으로 넘어가버렸다고 한다. 이것은 왕태자 시절의 에드워드 7세와 그때의 수상이던 로즈베리의 개입으로 연결되었다. 편지는 공개되지 않았고, 그녀는 사교계 추방의 위기를 면했다. 왕태자와 데이지는 이때 급격히 가까워졌고, 9년에 걸쳐 정부 관계로 지냈다고 한다.

애초에 월릭 백작 부부는 결혼 후 몇 년이 지난 단계에서 이미 각자의 생활을 보내게 되어 있었다. 남편은 새 사냥이 취미라, 각지의 친구의 집에 머물며 열중했다. 아내 쪽은 자택 '이스턴 롯지'에서 열리는 여우사냥을 사랑했고, 말을 타고 사냥개를 쫓아갔다. 그 후에도 무수한 염문을 뿌렸으나, 남편이 세상을 떠날 때까지 이혼은 하지 않았다.

상류 계급에서 지위를 유지하고 싶다면, 추문은 엄금이었다. 좋지 못한 비밀은 동료들 사이에서 소문의 씨앗이 되긴 하지만, 결코 밖으로 새어나가서는 안 된다. 그건 확실히 데이지 말대로였으며, 겉으로 들어나지 않는 수면 아래의 드라마는 수없이 존재했다. 하지만 그 룰을 옛날 소용돌이의 중심에 있던 본인이 적어 출판하는 것에는, 하나의 모순이 드러나 있다. 1890년대 후반에 사회주의사상을 자각하고, 너무 선심 쓰는 자선활동으로 인해 곤궁해진 데이지는, 에드워드 7세가 사망한 후 그의 편지를 출판해 자금을 모으려 했고, 조지 5세에게 제지당했다. '매우 고귀한 방면'에서의 압력은 사실 그녀 자신에게도 닥쳐 있었다.

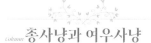

총사냥과 여우사냥

새나 토끼의 대량 포획—'총사냥'

런던의 사교기는 7월 말에는 삼삼해진다. 8월 12일에 뇌조 사냥이 해금되면, 상류 계급 사람들은 최초를 노리고 모두 북쪽 서식지로 대이동하기 때문이다. '영광의 12일'이라 불리는 이 날에는 붉은 뇌조가, 20일에는 검은 뇌조가 해금된다. 다우리안파트리지는 9월 1일, 꿩은 10월 1일이 해금일이다. 이런 새들에 야생 토끼 등 사냥감으로 삼는 새나 짐승을 '게임'이라 부른다. 넓은 사냥터를 가진 상류 계급

에드워드 7세는 총사냥을 위해 자택 '샌드링엄 하우스(Sandringham House)'를 구입했다. 1905년에는 3일간 9~10명의 사격수와 함께, 다양한 종류의 새와 토끼를 합쳐 7,000마리 이상이나 사냥했다.

🌸 여우사냥(hunt)은 개에게 사냥감을 쫓게 하고, 사람은 말을 타고 그 뒤를 쫓아가는 데 비해, 총사냥(shoot)은 한 자리에서 총으로 대량의 새를 쏴 떨어뜨린다. '샌드링엄 하우스'에서 만년의 에드워드 7세. 1909년.

사람들은, 사냥이 해금되면 친구들을 초대해 총사냥(shooting) 모임을 열어 대접했다.

애견과 함께 들판과 숲을 거닐며, 우연히 사냥감을 발견하면 쏜다—는 느긋한 종래의 총사냥은 1860년대 이후 몰이(hunt out)라 불리는 수법이 도입되면서 크게 변모했다. 우선 사냥터지기(game keeper)들이 키운 대량의 새를 특정 장소에 풀어둔다. 그리고 지역의 노동자나 소년들로 이루어진 몰이꾼(beater)들이 덤불을 두들겨 사격수(gun)가 노리기 딱 좋게 새를 몰아내는 것이다. 장전수(loader)의 도움으로 차례로 총을 바꿔가며 쏴 떨어뜨린 새는, 사냥개가 회수한다. 산탄총의 성능이 향상되고 '몰이' 수법이 세련되어감에 따라, 총사냥 모임에서 해치우는 사냥감의 숫자는 급증했다. 1913년 12월, 버킹엄셔에 세워진 '홀 번' 저택의 총사냥에서는 하루 동안 꿩을 3,937마리나 쏴 떨어뜨렸으며, 이 새에 대해 최고 기록을 세웠다. 왕태자와 함께 참가했던 조지 5세는 돌아가는 길에 '아마도 오늘은 좀 심했던 것 같군'이라고 조용히 말했다고 전해진다.

총사냥의 주역은 신사들이었다. 영애나 부인들은 낮이 되면 전원에 어울리는 트위드 옷을 입고 님성진에 합류해, 야외나 문지기 오두막에서의 점심식사에 참가했다. 일부 선진적인 총사냥 애호가 여성을 제외하면, 그녀들이 스스로 총을 들고 참가하는 일은 없었다. 차려입고 그 자리에 꽃을 추가하는 것 정도의 역할밖에 없었고, 그저 연기와 굉음을 견디며 남편이나 연인의 전과에 감탄하는 것뿐이었으니, 얼마나 따분했을까. 그리고 이렇게 대량의 새를 쏘면, 떨어지는 사냥감이 누군가에게 직격해도 이상한 일은 아니다. 에일즈베리 후작부인은 그런 진귀한 불운을 당하게 되었고, 완쾌될 때까지 3개월이나 걸렸다고 한다.

말을 타고 전원을 달리는 전통의 '여우사냥'

'슛(shoot)'이라 하면 총을 이용해 사냥감을 쏘는 행위를 말하는데, '헌트(hunt)'는 사냥개를 이용해 사냥감을 사냥하는 것을 말한다. 귀족들이 그저 '헌트'라 말하는 경우, 그건 보통 여우사냥을 말했다.

여우사냥의 계절은 겨울. 법으로 사냥 금지 시기가 정해져 있는 것은 아니지만, 암묵적인 양해로 11월부터 다음해 4월까지로 정해져 있었다. 또, 9월에는 새끼여우 사냥(cub hunt)이라 해서, 아직 익숙하지 않은 말과 사냥개, 기수들의 연습을 위해 어린 여우를 사냥하는

🌸 승마를 즐기는 즉위 전의 에드워드 7세와 알렉산드라 비(1844~1925). 아마도 1863년의 결혼 후 얼마 지나지 않아 그려진 것.

기회도 있었다.

여우사냥은 이른 아침, 여우굴을 막고 도망칠 곳을 없애는 것부터 시작된다. 그리고 오전에 승마복과 수렵복을 입은 남녀가 말을 타고 사냥개를 이끌고, 특정 저택 부지에 집합한다. 이때 저택을 제공하는 호스트는 만찬실과 홀을 개방해 와인과 아침식사를 대접했다. 19세기의 에티켓 북에 의하면, 이 조식에는 여우사냥에 참가할 수 있는 신분의 상류 계급 남성이라면, 모르는 상대의 저택이라 해도 자유로이 출입할 수 있도록 되어 있었다고 한다. 여성의 경우는 그런 행위는 불가능했다. 파티의 주최자 부인 쪽에서는, 홀이나 방에서 손님을 마중하고, 대접하는 것을 책임졌다. 뿔피리 소리를 신호로 수십 마리의 사냥개가 여우 냄새를 추적하면, 말 위의 남녀는 울타리, 도랑을 뛰어넘어, 타인의 정원과 밭을 밟고 넘으며 개를 쫓았다. 장해물도 진흙을 뒤집어쓰는 것도 신경 쓰지 않고 야외를 말을 타고 달리는 여우사냥은, 레이디들에게 엄청난 해방감을 주었던 모양이다. 윌릭 백작부인 데이지나 랜돌프 경 부인 제니, 수상부인 마고 애스키스 등, 여우사냥을 사랑한 사교계의 미녀는 매우 많았다.

총사냥으로 쏘는 사냥감들(game)과는 달리, 여우사냥에는 총은 사용하지 않았다. 또, 잡은 여우를 식용으로 쓰지도 않았다. 마지막에 넓은 장소로 몰아넣어진 여우는, 참가자가 지켜보는 가운데 사냥개들에게 잡아 먹혔다.

여우사냥은 '보여주는' 이벤트였으며, 영화나 드라마에도 상류 계급의 생활 습관 중 하나로 장대하고 매력적으로 묘사되는 경우가 많다. 그 반면, 장난으로 집단으로 여우를 쫓아 개가 죽이게 하는 순서가 잔혹하다 해서 동물 애호 관점에서 오랫동안 논의의 대상이 되어 왔다.

현재 영국에서는 2004년에 벌금을 수반하는 금지법이 성립되었고, 그 다음해부터 시행되었다. 하지만 법의 실효력에는 의문이 있으며, '전원의 전통을 지키기 위해'라며 벌금형을 신경 쓰지 않고 여우사냥을 계속 하는 그룹이 다수 존재한다.

Column 이혼의 법률

19세기 전반까지, 정식 이혼 절차는 엄청난 고난이었다. 1857년에 이혼에 관한 새로운 법률이 시행되기 전까지는, 교회법에 의거해 영국 국교회에 소송을 걸어 '혼인 무효' 또는 '이별' 판정을 받거나, 아니면 '의회이혼'이라는 방식으로 귀족원에 소송을 걸어 특별법을 성립시킬 필요가 있었다. 특히 세 번째 방법에는 막대한 돈이 들었고, 재산을 자유로이 사용할 수 있는 경우가 적었던 여성 측에서 소송을 거는 일은 불가능은 아니라 해도 매우 희귀했다.

1857년의 법률로 인해 새로이 민사 이혼 재판소가 런던에 설치되었고, 그 전보다는 허들이 낮아졌다. 하지만 이혼 재판을 할 수 있는 조건은 남녀가 달랐다. 남성은 아내의 불륜만을 이유로 삼을 수 있었지만, 여성이 소송을 걸 때는 남편의 불륜에 더해, 남편의 아내에 대한 '일반적인 학대'의 범위를 넘는 육체적인 학대라는 이유가 필요했다. 이처럼 개인적인 사정을 서로에게 말해야만 하는 재판의 모습이 신문에 모조리 보도되어버리는 경우도 있어서, 법적인 이혼까지 이르는 케이스는 현재에 비하면 아직 적었다.

1895년 제9대 말버러 공작과 결혼한 콘수엘로 밴더빌트는 1906년부터 1921년까지 단계적으로 정식 이혼 절차를 밟았다. 그리고 1921년에는 프랑스인 비행가 잭 발산과 재혼했다. 최초의 결혼은 아내 쪽은 명예를 바라는 모친의 강요였고, 공작 측은 막대한 지참금이 목적인 판에 박은 듯한 '공리적 결혼'이었다. 그녀는 두 번째 상대와는

🌸 영미의 문화 차이에 대해 토론 중. 미국 신사 '영국에서 이혼은 사치죠—하지만 우리나라에서는 필요불가피합니다!' 『펀치』 1895년 4월 6일. 개척과 전쟁으로 떨어져 살 수밖에 없었던 19세기 미국에서는 이혼율이 늘어났던 모양이다.

'사랑을 위한 결혼'으로 '행복한 생활'이었다고 자서전에서 조심스레 말했다.

이혼한 여성이나 부적절한 관계가 폭로되어 '추문'으로 타격을 입은 여성은 왕궁에서의 배알을 할 수 없게 되며, 교제 범위도 좁아지는 것이 일반적이었다. 콘수엘로도 왕궁에서는 밀려나게 되었지만, 마찬가지로 1883년에 이혼한 선대의 전 부인의 도움도 있어서 런던 사교계에서의 교우 관계는 그 후에도 유지할 수 있었다고 한다. 유력자의 도움을 얻을 수만 있다면, 추문에 말려들더라도 사교계에 머무는 것이 전혀 불가능한 것은 아니었던 모양이다.

🌸 '자선가 부인'이라는 역할

특권을 지닌 사람들은 그만큼 사회에 대한 의무를 진다는 사고방식이 있다. 소위 말하는 '고귀한 자의 의무(noblesse oblige)'이다. 남성이라면 전쟁이 일어났을 때 솔선수범해 사관으로 전장에 부임한다. 신앙과 도덕이라는 점에서는 귀족은 서민의 모범이 되어야 한다는 사고방식에 기초해, 성직자를 임명과 해임하는 권리를 행사하거나, 교회에 다액을 기부하는 등 성서의 가르침을 수행하려 했다.

그리고 귀족의 부인에게는 잊어서는 안 되는 중요한 의무가 있었다. 영지에 사는 가난한 자들, 의지할 데 없는 노인과 아이들, 병자,

🌸 자선 바자에서 항아리를 추천하는 귀족 미녀에게, '항아리가 아니라 널 받을 수 있다면야' 『펀치』 1888년 8월 4일.

🏵 1913년, 런던의 자택 '선더랜드 하우스'에서 판매원 일을 하는 중인 말버러 공작부인(왼쪽에서 두 번째). 저변 노동자의 상황을 개선하기 위한 활동.

약자에 대한 원조이다. 현대에서는 수입이 없는 사람의 생활 보장이나 의료는 나라가 선도해서 이뤄지도록 되어 있으나, 봉건사회가 진하게 남아 있던 당시는 영주 일가의 개인적인 자선이 힘을 발휘하고 있었다. 지역의 소규모 병원(cottage hospital)과 아이들을 위한 학교, 직업 훈련 학교 등을 설립하고, 식사와 약, 모포, 의복 등을 배포했다. 그녀들은 '자선가 부인(lady bountiful)'이라 불렸다.

말버러 공작 가의 브레넘 궁전의 경우, 그 날 방문할 상대를 궁전에 부속된 교회에서 기도한 후 목사의 추천으로 결정했다고 한다.

브레넘에서는 양철 바구니를 사이드 테이블에 두는 관습이 있었습니다. 집사가 점심 식사 후 남은 음식물을 사이드 테이블에 남겨두는 거죠. 음식물을 양철 용기에 담는 건 제 역할이

었습니다. 그리고 말버러 영지 여기저기의 마을에서, 특히 가
난한 사람들이 가져갑니다. 그때까지는 세세한 배려 같은 건
전혀 없어서, 고기, 채소, 달콤한 디저트가 모두 같은 용기에서
뒤섞여 지저분한 상태로 들어 있는 경우가 보통이었습니다. 선
대까지의 관습에 반하는 것임을 알면서도, 저는 여러 가지 음
식을 다른 용기에 나누어 담기로 했습니다. 받은 사람들이 깜
짝 놀라서 기뻐해주면 좋을 것 같아서요.

(콘수엘로 밴더빌트 발산『빛나는 것과 황금』1953년)

남편과의 관계에 고민이 많았던 콘수엘로의 발언은, 자선의 의무
를 다함으로써 스스로의 마음도 치유받고 있음을 엿볼 수 있다.

빈민을 찾아가는 것도 저의 일이었습니다. 그들은 무척 예의
발라서 느낌이 좋다고 생각했습니다. 말버러 공작부인 캐롤라
인(1762년에 제4대 공작과 결혼)이 설립한 사설 구빈원(救貧院, alms-
house)에서, 노부인들의 호소를 들어주고, 병자들을 간병하고,
눈이 보이지 않는 사람에게는 성서를 읽어줘야 했습니다. 상냥
하고 끈기 있는 어떤 노부인이 저는 굉장히 좋았습니다. 그녀
는 제가 가는 걸 진심으로 기다려 주었죠. 그도 그럴 것이, 제
가 읽어드리면 한 마디 빠짐없이 이해하셨는데, 다른 사람들
이 낭독해주면 가끔 잘 알아들을 수도, 이해할 수도 없는 부분
이 있었다더군요. 그래도 그녀는 실례되는 말은 한 마디도 하
지 않고, 참고 있었기 때문입니다. 그녀가 좋아하던 성 요한의

성가를 저도 기억합니다. 친애하는 프래터리 부인—멋지고 따뜻한 얼굴, 야윈 양손을 무릎 위에 두고, 가슴팍에서 확실히 교차시킨 검은 숄, 머리는 늘어뜨렸고, 보이지 않는 눈은 감은 채로, 입술은 제가 읽는 성 요한의 말씀을 복창하고 있습니다. 그녀를 보고 있으면 마치 그 낡은 집에 신의 평온이 깃든 것처럼 느껴졌고, 저는 기쁘게 그곳에 가서 힘을 얻었던 겁니다.

(앞과 같음)

🌸 자선을 받는 쪽의 심정

그렇지만—이런 '은혜'를 받는 '선택된 빈민' 쪽의 심경은 어땠을까. 자신의 수입으로는 도저히 할 수 없는 '여러 가지 음식'과 고급 의복 등을 무료로 얻을 수 있다면, 영주민들은 고맙게 그 후의를 받아들이고, 머리를 숙이고, 모자에 손을 대고, 허리를 굽혀 정식으로 감사를(curtsy) 표했을지도 모른다. 때로 별 거 아닌 설교가 덤으로 붙는다 해도, 참으면 된다.

하지만 세상의 분위기는 변했다. 옛날에는 당연하게 받아들였던 타고난 상하관계에 위화감을 느끼는 세대가 조금씩 나타나기 시작했다.

1891년, 서포크의 가난한 농가에서 태어난 케이트 테일러는, 어릴 적부터 반항적인 소녀로, 학교에서 채찍으로 맞는 벌을 받는 일도 종종 있었다. 어떤 때는 그녀가 집의 문 앞에 쪼그리고 앉아 바닥을 청

🌸 건강 상태를 장황하게 호소하는 오두막에 사는 가난한 늙은 여성(좌)의 이야기를 들어주는 영주부인(우). 『펀치』 1905년.

소할 때, 근처 '저택'의 준 남작부인인 레이디 선힐이 지나갔다.

　　당연하지만 저는 일어나서 '차렷'을 하고, 정식 인사를 올렸어야 했습니다. 하지만 저는 그렇게 하지 않고, 그저 일을 계속했죠. 레이디 선힐은 제 발을 피해 돌아 들어가야 했습니다. 불쌍한 어머니는 굉장히 걱정하며 말했습니다. '케이트, (중략) 신분이 높은 분들은 공경해야만 한단다' 당연하게도 사모님은 저의 일을 교장선생님께 보고했습니다. 다음 날 아침 저는 전교생 앞에서 불려나가, 신분이 높은 분들을 존경하지 않는 여자아이가 어떻게 되는지를 아이들 모두에게 가르쳐주기 위한 본

보기가 되었습니다. 채찍으로 6번, 양손으로 있는 힘껏 휘둘렀고, 덤으로 등에도 2번 맞았습니다.

(존 버닛 엮음 『암운이 드리운 운명』 1982년)

'이걸로 윗사람들을 존경해야 한다는 걸 배웠겠지'라고 교장이 말했지만, 케이트는 배우지 않았다. 마찬가지로 레이디가 가까이 왔을 때, 또다시 무시했고, 역시 또 맞아버리고 말았다. 현재라면 이런 노골적인 일은 일어나지 않을 것이다. 태생의 차이로 인한 우월함과 종속 관계는, 지금은 이미 사라진 것으로 되어 있다. 인간의 심리 어딘가, 사회의 커다란 구조의 어딘가에 잘 보이지 않는 형태로 계속되고 있다 해도.

또 한 사람, 말버러 공작부인 콘수엘로의 인도를 받았다는 여성의 증언을 검토해보자. 위니프레드 포테스큐는 서포크의 목사의 장녀로 1888년 태어났다. 가계가 힘들다는 것을 알고, 뭔가 일을 하고 싶어 고민하던 17세 때, 친분이 있던 말버러 공작부인에게 상담을 해보자고 생각한다. 어쩌면 비서로라도 고용해줄지도 모른다고 생각한 것이다.

'개인적인 문제로 상담하고 싶은 것이 있으니 방문해도 괜찮을까요'라는 편지를 보내자, '30분도 지나지 않아 부인이 자신의 전기자동차를 운전해 왔다.' 공작부인은 위니프레드의 이야기에 성심껏 귀를 기울여주었고, 소질이 있는 것 같으니 여배우라는 전문직(professional)을 목표로 하는 건 어떠냐고 추천했다. 당시의 목사의 딸로서는 이례적인 선택이었지만, 그녀는 공작부인의 조언을 받아들여, 허

❀ 제7대 런던델리 후작부인 이디스(1878~1959). 전장에서 비전투 임무에 관여하는 여성 인원을 파견하는 조직을 설립했다. 필립 드 라슬로가 그린 초상화, 1918년.

❀ '영국의 여성은 "가라!"고 말한다' 젊은이에게 종군을 호소하는 제1차 세계 대전 시대의 포스터.

버트 비어봄 트리의 연극학교에 다니기 시작했다. 공부 중에도, 직업 여배우로 독립한 후에도, 공작부인은 여러 가지로 위니프레드의 활동을 원조해주었다고 한다.

공작부인의 배려는 항상 내 마음을 밝게 해주었다. 나중에 현대극에 출연하게 되었을 때, 보내주신 수많은 의상들이 얼마나 도움이 되었는지.

나는 뭔가 곤란한 일이 일어나면 가장 먼저 공작부인에게 상담하러 갔다. 선더랜드 하우스가 눈앞에 있었기 때문이기도 하지만, 부인의 위트와 유머가 가득한 대답을 듣는 것이 재미있었기 때문이다. 지금도 부인의 상냥한 목소리가 귓가에 남아 있다. '위니프레드, 오늘은 무슨 일이죠?'

이야기가 끝나면, 대리석 바닥에 작은 구두소리를 울리며 안쪽으로 물러간다. 더 얘기를 듣고 싶어서 따라갈까 몇 번을 생각했는지 모른다. 프랑스풍 저택에는 항상 백합이 있었고, 가격을 매길 수도 없을 정도로 고가의 도자기와 앤티크 면직물로 아름답게 장식되어 있었다.

부인은 이스트 엔드의 공장에서 일하는 여성들을 위한 레크리에이션 클럽을 설립한 것 외에도, 범죄자의 아내들을 위한 세탁소를 열었다. 그리고 그녀들이 안심하고 일하러 외출할 수 있도록 탁아소도 만들었다. (중략)

부인은 바쁜 사교계 모임 중에도 틈을 내서 클럽을 방문해 여자 공장 직원들의 신상 상담을 해주거나, 모금 활동을 위해 연설도 계속했다.

(레이디 포테스큐 저 오지마 케이코 역『윈저 성의 연인들』1939/1995년)

위니프레드가 런던에서 혼자 살기 시작하고, 프로 여배우로 활동하게 된 것은 콘수엘로가 1906년 남편 공작과 헤어지고, 정식 혼인 해소 절차를 기다리던 시기에 해당한다. 그녀의 자선 활동은 점심식 사의 남은 음식을 양철 용기에 담는 그런 전통적인 '자선가 부인'의 세계를 벗어나, 점점 공적이고 조직적인 활동으로 향해가고 있던 모 양이다.

🌸 넓어지는 세계, 변해가는 세계

1914년 7월, 제1차 세계대전이 발발한다. '고귀한 자의 의무'를 짊 어지기 위해, 귀족의 '후계자'도 '그 예비'도, 젊은 남성은 모두 전장으 로 향했다. 지역의 노동자도, 가사 하인도, 싸울 수 있는 자는 빠짐없 이 지원했고, 누구나가 평등하게 목숨을 잃었다. 뒤를 이을 후보인 형제가 차례로 세상을 떠나고, 후계자에서 그 다음 후계자로 단기간 에 저택과 재산이 넘어감에 따라 상속세가 무거운 부담으로 다가와 있었다.

남성의 모습이 사라지고, 인원 부족에 빠진 일터는 여성이 메웠다. 귀족부인은 부지런히 위문품을 보냈고, 자원봉사 단체를 조직했다. 메이드들은 메이드를 그만두고 군수품 공장으로 갔다. 래틀랜드 공 작의 막내딸 레이디 다이애나는 1914년 제1차 세계대전이 개전하면 서, 런던의 가이즈 병원에서 훈련을 받고 간호사로 활동했다.

플로렌스 나이팅게일(1820~1910년)의 활동 이전에는 양가집 여성 들이 하는 일이 아니라 여겨지던 간호사라는 '일'을, 미혼 귀족 영애

✿ 간호사복을 입은 레이디 다이애나. 부상병 간호를 목적으로 한 자원봉사 구호 부대 소속으로 훈련을 받고, 양친이 설립한 런던 병원에서 일했다. 전쟁 후에는 1919년에 외교관·정치가인 더프 쿠퍼와 결혼했고, 남편이 작위를 받아 자작부인이 된다.

❧ 윌트셔에 건설된 배스 후작가의 대저택 '롱리트'도 부상병 간호시설로 제공되었다.

가 선택해도 허락받을 수 있게 되어 있었다. 비타 색빌웨스트는 농무성(農務省)에서 설립한 여성 농경 부대(Women's Land Army)에 참가했다. 하이클레어 캐슬(Highclere Castle)의 카나본 백작부인 알미나는 저택을 부상병을 위한 요양소로 바꾸었다. 전시 협력의 일환으로서

대저택을 제공하는 것은 귀족과 지주 사이에서 널리 퍼져 있었다. 대전은 귀족의 세계에 있어 그때까지 없었던 커다란 변화의 개막이 되었다.

귀족부인도 영애도, 그녀들을 모시던 메이드들도, 제1차 세계대전 하에서 모두가 제각각 저택의 세계를 빠져나와, '자신의 의무'를 다하려 했다. 이윽고 전쟁이 끝났을 때 전쟁 전의 질서로 되돌리려 하는 움직임이 일어났지만, 다른 가능성을 알아버린 후라 모두가 얌전히 제자리로 돌아갔으리라고는 볼 수 없었다.

지금까지 봐온 것처럼, 영국 귀족의 영애와 부인들은 옛날에는 속세에서 멀리 떨어진 광대한 영지의 대저택에서 태어나, 격리된 아이들 방에서 자라왔다. 한정된 상대만 만나서 결혼하고, 작은 동료 집단하고만 교제하며 살아갔다. 20세기 초 커다란 사회 변동이 일어났을 때, 온실 안의 화초였던 아가씨들은 답답한 상자에서 빠져나와, 자기 나름대로의 길을 모색하게 된 건지도 모른다.

영상 작품에서 되짚어 보는 영국 귀족 영애와 부인들의 발걸음

말이나 회화, 삽화 등을 아무리 모아 봐도, 움직이는 드레스나 양초의 빛, 진짜 컨트리 하우스를 촬영한 영상의 빛에는 미치지 못한다. 귀족 여성을 주된 인물로 한 영화나 드라마를 무대 설정 연대순으로 감상해 보자.

튜더 왕조의 왕궁

16~17세기

16세기의 튜더 왕조 시대, 헨리 8세는 남자 후계자를 얻기 위해 왕비들을 차례로 연을 끊거나 처형했고, 최종적으로는 6명과 결혼한 것으로 이름(악명)을 남겼다. 첫 번째와 네 번째가 외국의 공주인 것을 제외하면, 모두 영국 귀족과 그에 준하는 집안의 영애들이었다. 이 당시 국왕이 지닌 권력은, 훗날 시대에 비하면 아직 강했다. 딸이 왕의 총애를 받으면 친형제에 작위나 관직이 주어지며, 정쟁에서 패하면 문자 그대로 목이 날아갔다. 그런 상황에서 복잡하게 진전되는 헨리 8세와 아내들의 이야기는, 영국 역사에서도 특히 인기가 높고, 주인공과 시점, 테마를 바꾸어 수없이 영상화되고 있다.

《천일의 스캔들(The Other Boleyn Girl)》(2008년)은 필립파 그레고리의 소설을 원작으로 한 장편 영화. 두 번째 왕비 앤 볼린과, 그 자매이자 먼저 왕의 정부가 된 메리를 중심으로 묘사되어 있다. 저스틴

채드윅 감독, 피터 모건 각본. 주연 두 사람은 할리우드 스타이며, 영국 연극에서 활약하는 배우도 섞여 있다.

그 외에도, 이 시기를 묘사한 작품은 비극부터 코미디까지 다양하다. 토마스 모어의 전기 영화《사계의 사나이(A Man for All Seasons)》(1966년), 조나단 리스 마이어스가 연기하는 젊고 섹시한 헨리를 내세운 드라마《튜더스(The Tudors)》(2007~2010년), 토머스 크롬웰을 주인공으로 한 미니 시리즈《울프 홀(Wolf Hall)》(2015년) 등. 유명한 역사적 인물의 묘사 차이를 비교해보기 바란다.

자유와 사랑을 추구하다
17~18세기

17세기 후반부터 18세기에 걸친 시대, 왕권은 계속 약해지기만 했고 귀족과 신흥 비즈니스맨들은 부를 축적해 정치적인 영향력을 키우고 있었다. 스코틀랜드가 최후의 저항을 전개하다 패배하고, 미국은 싸워서 독립을 쟁취하고, 프랑스에서는 혁명이 일어난 시대다. 영국 귀족 여성들도 응접실을 개방해 예술가, 과학자, 정치가를 대접하며 새로운 사상을 지원했다. 다만 여성 자신이 투표권을 얻는 것은 아직 2세기나 후의 이야기이다.

《공작부인: 세기의 스캔들(The Duchess)》(2008년)의 히로인도 이러한 시대의 성격을 띠고 있다. 1774년, 제5대 데본셔 공작부인이 된 조지아나는 뒤를 이을 남자를 얻는다는 귀족의 의무만을 원하는 남편과의 생활로 인해, 사랑과 자유, 자기표현을 찾아 갈등한다.

역사적인 대사건과 정치는 배경에 머물러 있지만, 사교 도시 배스

🌸 1770년대 후반에 그려진 디도 벨(좌)과 엘리자베스(우)의 초상화. 영화는 실화와 다른 부분도 많고, 디도 벨이 맨스필드 백작의 의견을 변하게 했는지 여부는 알 수 없다. 또, 백작은 상속인의 딸이었던 엘리자베스에게 1만 파운드, 디도 벨에게는 500파운드의 유산과 100파운드의 연금을 남겼다.

의 모습, 컨트리 하우스의 생활 등 18세기 귀족 사회의 풍습은 세밀하게 묘사되어 있는 것이 볼거리. 사울 딥 감독, 키이라 나이틀리, 레이프 파인즈, 샬롯 램플링 등 출연.

《벨(Belle)》(2013년)은 《공작부인: 세기의 스캔들》과는 여러 면에서 대조적이다. 비슷한 것은 시대 설정(1769년부터 시작한다)과, 실화를 기반으로 하고 있다는 것 정도. 이쪽의 히로인은 서인도 제도에서 노예 여성과 영국 해군장교 사이에서 태어난 검은 피부의 디도. 모친을 여의고 종조부인 초대 맨스필드 백작에게 맡겨진 그녀는, 친척인 엘리자베스와 자매처럼 자란다. 그렇다고는 해도, 백인과 흑인은 완전히 평등하게 다뤄지지 않았다. 그리고 디도에겐 아버지의 유산이 있었지만 엘리자베스에게는 없었다.

계급과 재산과 사랑의 줄다리기 속에서 이야기가 시작되는 점에서는 제인 오스틴의 고전적 로맨스를 연상케 하지만, 거기에 인종차별과 노예무역 폐지 운동이라는 사회문제가 섞여 있는 것은 2010년대 작품이기에 가능한 것. '어릴 적부터 좋아했던 역사 이야기에 흑인 히로인을 등장시키고 싶었다'며 본인도 흑인여성인 엠마 아산테 감독이 말했다. 디도 역에는 구구 바샤 로, 맨스필드 백작 역은 톰 윌킨슨.

미국의 신부들
19세기

이 책의 5장에서도 다룬 것처럼, 19세기 말 수많은 영국 귀족이 지대 수입의 감소로 영지 유지에 곤란을 겪었으며, 미국에서 철도왕이나 은행가의 딸을 거액의 지참금과 함께 맞이하게 되었다. 헨리 제임스나 이디스 워튼 같은 작가들이 유럽의 상류 사교계에 나오는 유복한 미국 여성 이야기를 쓰고 있다.

《버커니어스(THE BUCCANEERS)》(1995년)는 워튼의 미완성 유작을 대폭 각색해 영국 BBC와 미국 PBS가 공동 제작한 미니 시리즈이다. 시대 설정은 1870년대, 미국의 상류 사회에서 경원시되던 4명의 부호의 딸들이, 영국을 아는 가정교사(governess)의 인도로 대서양을 건너 영국 사교계에서 결혼을 목표로 한다(제목은 '해적들'이라는 의미로, 여기서 유래한다). 이윽고 4명은 각각 남편을 얻는다. 최연소인 낸은 최고의 공작과 맺어지며, 자란 나라와 계급 차이로 인해 성의식이 맞지 않아 고뇌하게 된다. 필립 사빌리 감독, 마기 웨이디 각본. 칼라 구기노, 미라 소르비노 등이 출연.

그 외에 빅토리아 시대의 상류 사회를 무대로 한 작품이라고 한다면, 오스카 와일드의 풍속 희극(the comedy of manners)의 영화화를 들 수 있다.

《이상적인 남편(An Ideal Husband)》(1999년)은 오스카 와일드의 희곡 〈이상적인 남편〉을, 《진지함의 중요성(The Importance of Being Earnest)》(2002년)은 마찬가지로 〈진지함의 중요성〉을 올리버 파커 감독이 올스타 캐스트로 영상화 한 것이다(또, 양쪽 다 제멋대로인 독신 신사 역에 루퍼트 에버렛이 출연한다). 두 작품 모두 1890년대의 의상과 인테리어, 로케이션이 아름다워 볼 만한 가치가 있다.

귀족 시대에 대한 회고
20세기

20세기 최후의 20년간, 영국의 대저택과 전원 풍경을 배경으로 한 상류 계급과 상층 중류 계급의 등장인물이 엮어내는, 따뜻하고 아름다운 역사・문화 예술 영화가 유행했다. 미국과 일본에서 인기를 모았던 그 종류의 작품은 '문화유산 영화(heritage movie)'라고도 불렸으며, 회고적이고 보수적이라는 비판을 받은 적도 있다. 오스틴과 찰스 디킨스의 19세기물도 포함하지만, 에드워드 7세 시대(1901~1910년)이나 제1차 세계대전・제2차 세계대전의 '전간기'(1918~1939년)

에 인기가 높았으며, E·M·포스터 원작, 제임스 아이보리 감독의《전 망 좋은 방(A Room With A View)》(1985년)이 대표적이다. 《다운튼 애비(Downton Abbey)》(2010~2015년)은 그런 '문화유산'의 이미지를 이어받았다고 할 수 있을 것이다. 단, 특정한 원작이 있는 것이 아니라 현대의 오리지널 픽션이다. 요크셔의 대저택 다운튼 애비에 사는 그랜섬 백작부부에게는 세 명의 딸이 있었지만 남자 후계자가 없었다. 1912년, 타이타닉 호의 침몰로 인해 백작 작위와 재산을 이어받았어야 할 조카가 세상을 떠나고, 만난 적도 없는 중류 계급에서 자란 친척 청년이 상속인으로 부상한다.

세 자매의 연애와 대립, 전 백작부인의 속물적이고 비아냥이 담긴 대사, 귀족의 생활만이 아니라 하인들이 움직이는 모습도 세세하게 묘사되어, 주목하고 싶은 점이 많다. 전개 템포도 빠르고, 연대가 척척 진행되어 6시즌 전 52화가 완결됐을 때는 작중 시간은 1926년이 되어 있었다. 2019년에는 속편으로 극장판도 제작되었다.

20세기 전반까지, 쇠퇴한 귀족 가계와 계승되지 않고 소멸한 작위도 많다. 하지만 영상 속에 재현된 '유산(heritage)'을 사랑하는 문화는 모양을 바꾸며 21세기에도 살아남을 것이다.

후기

　'도해' 시리즈로 3권째를 쓸 수 있게 되었습니다(앞의 두 권은『영국 집사의 일상』『영국 메이드의 일상』이며, AK커뮤니케이션즈 발매 중).

　이름 없는 가사 하인과는 달리, 이름도 직함도 명예도 지위도 있는 귀족 사람들의 기록은 자서전이든 평전이든 다양하게 남아 있습니다. 특별한 일을 해낸 흔하지 않은 여성도 있는가 하면, 특별한 사건도 없고, 어렸을 때와 젊었을 때의 추억 얘기만 대충 적어서 출판한 것 같은 책도 있습니다. 기분 나쁠 정도로 인기 있던 데뷔턴트가 있는가 하면, 그렇지 않은 영애도 있었습니다.

　유별난 언동은 영국 귀족의 집안의 기에 같은 면이 있으며, 특별한 체험을 한 여성의 기록은 그 나름대로 매력적입니다. 하지만 저로서는 당시의 귀족 여성의 평범한 체험, 집합적인 추억, 그녀들의 행동을 규정했던 사고방식의 틀을 보고 싶었습니다.

　예를 들어, 시대의 규범을 드러내는 히로인이 활약하는 이야기가 있다 해도, 저도 모르게 신경이 쓰이는 것은 약속된 것처럼 약간 짓궂은 장난을 걸거나, 멀리 그늘 아래서 속삭이거나 하는 타입의 영애들의 일상입니다. 히로인들이 형식을 파괴하는 활동을 되풀이할 때, 그녀들은 항상 뭘 하고 있었던 걸까, 무도회에서 다음 차례를 기다릴 때는 무슨 생각을 했을까, 지극히 타당한 상대를 잡아서, 해피 엔드를 맞이한 후에는 무엇이 기다리고 있었을까….

조금 편향적일수도 있습니다만, 제 눈을 통해 본 100년 전의 "영국 귀족의 영애"들의 세계를 여러분께서도 흥미를 갖고 탐구해주신다면 기쁘겠습니다.

2014년 8월
무라카미 리코

참고 문헌

저자	도서명	출판사	출판연도
이와타 요리코(岩田託子)	영국식 결혼 광소곡 (イギリス式結婚狂騒曲)	추오코론신샤 (中央公論新社)	2002
이와타 요리코(岩田託子), 카와바타 아리코(川端有子)	도해 영국 레이디의 세계 (図説 英国レディの世界)	카와데쇼보신샤 (川出書房新社)	2004/2011
J 베이커 저 코야마 사다오(小山貞夫) 역	잉글랜드 법제사 개설 (イングランド法制史概説)	소분샤(創文社)	1975
사카이 타에코(坂井妙子)	웨딩드레스는 어째서 하얀 색인가 (ウェディングドレスはなぜ白いのか)	케이소쇼보 (勁草書房)	1997
나이젤 니콜슨 저 쿠리하라 치요(栗原知代), 야기타니 료코(八木谷凉子) 역	어떤 결혼의 초상(ある結婚の肖像)	헤이본샤(平凡社)	1973/1992
하야시다 토시코(林田敏子)	싸우는 여자, 싸울 수 없는 여자 제1차 세계 대전기의 젠더와 섹슈얼리티 (戦う女,戦えない女 第一次世界大戦期の ジェンダーとセクシュアリティ)	진분쇼인 (人文書院)	2013
무라오카 켄지(村岡健次)	근대 영국의 사회와 문화 (近代イギリスの社会と文化)	미네르바쇼보 (ミネルヴァ書房)	2002
무라오카 켄지(村岡健次), 카와키타 미노루(川北念) 편저	영국 근대사[개정판] (イギリス近代史[改訂版])	미네르바쇼보 (ミネルヴァ書房)	1986/2003
무라카미 리코(村上リコ)	도해 영국 메이드의 일상 (図説 英国メイドの日常)	카와데쇼보신샤 (川出書房新社)	2011
무라카미 리코(村上リコ)	도해 영국 집사 (図説 英国執事)	카와데쇼보신샤 (川出書房新社)	2012
메어리 S 라벨 저, 쿠리오 마키코(栗原真紀子), 오오키 미츠코(大城光子) 역	미트포드 가문의 딸들 (ミットフォード家の娘たち)	코단샤(講談社)	2005
야기타니 료코(八木谷凉子)	무엇이든 알 수 있는 기독교 대사전 (なんでもわかるキリスト教大事典)	아사히신문출판 (朝日新聞出版)	2012
레이 스트레이치 저, 쿠리스 미치코(栗栖美知子) · 이즈부치 케이코(出渕敬子) 감역	영국 여성운동사(イギリス女性運動史) 1792~1928	미스즈쇼보 (みすず書房)	2008
레이디 포테스큐 저, 오지마 케이코(尾島恵子) 역	윈저 성의 연인들 (ウィンザー城の恋人たち)	요미우리신문사 (読売新聞社)	1995

저자	도서명	출판사	출판연도
A & C Black Publishers Limited	TITLES: A Guide to the Right Use of British Titles and Honours	A & C Black Ltd	1918
A & C Black Publishers Limited	Titles and Forms of Adress: Twenty-first edition	A & C Black Publishers Limited	2002
A Member of the Aristocracy	Manners and Rules of Good Society: Sixteenth Edition	Frederick Warne and Co.	1890
Abdy, Jane & Gere, Charlotte	The SOULS	Sidgwick & Jackson	1984
Asquith, Cynthia	Haply I May Remember	James Barrie	1950
Asquith, Cynthia	Remember and Be Glad	James Barrie	1952
Balsan, Consuelo Vanderbilt	The Glitter and the Gold	Hodder & Stoughton	1952 /2011
Bance, Peter	The Duleep Singhs	Sutton Publishing	2004
Bankes, Viola & Watkin, Pamela	A Kingston Lacy Childhood	Dovecote Press Ltd	1986
Barstow, Phyllida	The English Country House Party	Sutton Publishing	1989 /1998
Bateman, John	The Great Landowners of Great Britain and Ireland: 4th Edition	Harrison and Sons	1883
Beauman, Nicola	Cynthia Asquith	Hamish Hamilton Ltd	1987
Beeton, Mrs Isabella ed.	Book of Household Management	Southover Press	1861 /1998
Brunden, Margaret	The Countess of Warwick	Cassell & Company Ltd	1967
Buckland, Gail	The Golden Summer: The Edwardian Photographs of Horace W. Nicholls	Pavilion Books Limited	1989
Burnett, John ed.	Destiny Obscure	Routledge	1982 /2013
Baxter, R. Dudley	National Income: United Kingdom	Macmillan and Co.	1868
Campbell, Lady Colin ed.	Etiquette of Good Society	Cassell and Company Limited	1893
Cooper, Diana	The Rainbow Comes and Goes	Rupert Hart-Davis	1958
Pool, Daniel	What Jane Austen Ate and Charles Dickens Knew	Simon & Schuster	1993
Debrett's Peerage Limited	Debrett's Correct Form	Headline Book Publishing	1999 /2002
Dewing, David ed.	Home and Garden	The Geffrye Museum	2003
Duncan, Sara Jeannette	An American Girl in London	D. Appleton and Company	1891
Durant, David N.	Life in the Country House: A Historical Dictionary	John Murrey	1996
Evans, Hilary and Mary	The Victorians: At Home and at Work	David & Charles	1973
Evans, Hilary and Mary	The Party That Lasted 100 Days	Macdonald and Jane's	1976

저자	도서명	출판사	출판연도
Evans, Siân	Mrs Ronnie: The Society Hostess Who Collected Kings	The National Trust	2013
Ewing, Elizabeth	History of Children's Costume	B. T. Batsford Ltd	1977
Fletcher, Sheila	Victorian Girls: Lord Lyttelton's Daughters	Hambledon and London	1997 /2001
Forbes, Lady Angela	Memories and Base Details	London Hitchinson & Co	1921
Gerard, Jessica	Country House Life: Family and Servants, 1815-1914	Blackwell	1994
Glendinning, Victoria	Vita: A Biography of Vita Sackville-West	Quill	1983
Glyn, Elinor	Romantic Adventure	E. P. Dutton & Co., Inc	1937
Hartcup, Adeline	Children of the Great Country House	Sidgwick & Jackson	1982
Hartcup, Adeline	Love and Marriage in the Great Country Houses	Sidgwick & Jackson	1984
Heywood, Valentine	BRITISH TITLES	Adam and Charles Black	1951
Horn, Pamela	Ladies of the MANOR: Wives and Daughters in Country-house Society 1830-1918	Alan Sutton Publishing	1991
Horn, Pamela	High Society: The English Society Elite, 1880-1914	Alan Sutton Publishing	1992
Horn, Pamela	Life in the Victorian Country House	Shire Publications	2010
Jalland, Pat	Women, Marriage and Politics 1860-1914	Oxford University Press	1986 /1988
Lambert, Angela	Unquiet Souls	Harper & Row, Publishers	1984
Lambert, Anthony J.	Victorian and Edwardian Country-House Life: from old photographs	B. T. Batsford Ltd	1981
Leslie, Anita	Edwardians in Love	Arrow Books Ltd	1972 /1974
Lindsay, Martin	The House of Commons	Collins	1947
Lucie-Smith, Edward & Dars, Celestine	How the Rich Lived: The painter as Witness 1870-1914	Paddington Press Ltd	1976
Lucy, Mary Elizabeth	Mistress of Charlecote	Victor Gollancz Ltd	1983 /1985
MacColl, Gail & Wallace, Carol Mcd.	To Marry an English Lord	Workman Publishing	1989 /2012
Malan, A. H.	More Famous Homes of Great Britain	G. P. Putnum's Sons	1899
Margetson, Stella	Victorian High Society	B. T. Batsford Ltd	1980
Miles, Alice Catherine & Parsons, Maggy ed.	Every Girl's Duty: The Diary of a Victorian Debutante	Andre Deutsch Limited	1992
Mitchell, Sally	Daily Life in Victorian England	Greenwood Press	1996
Mitford, Nancy ed.	Noblesse Oblige	Hamish Hamilton Ltd	1956
Olian, JoAnne	Wedding Fashions 1862-1912	Dover Publications, Inc.	1994
Olian, JoAnne	Elegant French Fashions of the Late Nineteenth Century	Dover Publications, Inc.	1997
Opie, Robert	The 1910s Scrapbook	Pi Global Publishing Ltd	2000
Opie, Robert	Edwardian Scrapbook	Pi Global Publishing Ltd	2002

저자	도서명	출판사	출판연도
Ormond, Richard & Kilmurray, Elaine	John Singer Sargent: Portraits of the 1890s	Yale University Press	2002
Ormond, Richard & Kilmurray, Elaine	John Singer Sargent: The Later Portraits	Yale University Press	2003
Pepper, Terence	HIGH SOCIETY: Photographs 1897-1914	National Portrait Gallery	1998
Ruffer, Jonathan	The Big Shots: Edwardian Shooting Parties	Quiller Press	1977 /1989
Rutland, Duchess of & Pruden, Jane	Belvoir Castle	Frances Lincoln Limited	2009
Sims, George Robert ed.	Living London Vol.1	Cassell & Company Ltd	c1902
Sims, George Robert ed.	Living London Vol.2	Cassell & Company Ltd	c1902
Streatfield, Noel ed.	The Day Before Yesterday	Collins	1956
Sykes, Christpher Simon	Country House Camera	Bramley Books	1987
The Savoy Hotel Co.	London's Social Calender	The Savoy Hotel Co.	c1910
Tobin, Shelley & Pepper, Sarah & Willes, Margaret	Marriage à la Mode: Three Century of Wedding Dress	The National Trust	2003
Tweedsmuir, Susan	The Lilac and the Rose	Gerald Duckworth & Co. Ltd	1952
Tweedsmuir, Susan	A Winter Bouquet	Gerald Duckworth & Co. Ltd	1954
Tweedsmuir, Susan	The Edwardian Lady	Gerald Duckworth & Co. Ltd	1966
Ward, Lock & Co., Ltd	Mrs Beeton's Household Management	Ward, Lock & Co., Ltd	1907
Warwick, Frances Countess of	Afterthoughts	Cassell and Company Ltd	1931
	A Brush With Grandeur: Philip Alexius de László	Paul Holberton Publishing	2004 /2010
	The Life of Victoria	Frederick Warne & Co.	1897
	Kedleston Hall	The National Trust	1999 /2011
	Kensington Palace	Historic Royal Palaces	1998
	Knole	The National Trust	1998 /2006
	Petworth House	The National Trust	1997 /2002
	Polesden Lacey	The National Trust	1999 /2007
	Uppark	The National Trust	1995 /2004

영국 귀족의 영애

개정판 1쇄 인쇄 2022년 12월 25일
개정판 1쇄 발행 2022년 12월 30일

저자 : 무라카미 리코
번역 : 문성호

펴낸이 : 이동섭
편집 : 이민규
디자인 : 조세연
영업 · 마케팅 : 송정환, 조정훈
e-BOOK : 홍인표, 최정수, 서찬웅, 김은혜, 이홍비, 김영은
관리 : 이윤미

㈜에이케이커뮤니케이션즈
등록 1996년 7월 9일(제302-1996-00026호)
주소 : 04002 서울 마포구 동교로 17안길 28, 2층
TEL : 02-702-7963~5 FAX : 02-702-7988
http://www.amusementkorea.co.kr

ISBN 979-11-274-5875-1 03920

ZUSETSU EIKOKUKIZOKU NO REIJO ZOUHOKAITEIBAN
© RICO MURAKAMI 2020
Originally published in Japan in 2020 by KAWADE SHOBO SHINSHA Ltd. Publishers, TOKYO,
Korean translation rights arranged with KAWADE SHOBO SHINSHA Ltd. Publishers, TOKYO,
through TOHAN CORPORATION, TOKYO.

창작을 위한 아이디어 자료

AK 트리비아 시리즈

-AK TRIVIA BOOK

환상 네이밍 사전
의미 있는 네이밍을 위한 1만3,000개 이상의 단어

중2병 대사전
중2병의 의미와 기원 등, 102개의 항목 해설

크툴루 신화 대사전
대중 문화 속에 자리 잡은 크툴루 신화의 다양한 요소

문양박물관
세계 각지의 아름다운 문양과 장식의 정수

고대 로마군 무기·방어구·전술 대전
위대한 정복자, 고대 로마군의 모든 것

도감 무기 갑옷 투구
무기의 기원과 발전을 파헤친 궁극의 군장도감

중세 유럽의 무술, 속 중세 유럽의 무술
중세 유럽~르네상스 시대에 활약했던 검술과 격투술

최신 군용 총기 사전
세계 각국의 현용 군용 총기를 총망라

초패미컴, 초초패미컴
100여 개의 작품에 대한 리뷰를 담은 영구 소장판

초쿠소게 1,2
망작 게임들의 숨겨진 매력을 재조명

초에로게, 초에로게 하드코어
엄격한 심사(?!)를 통해 선정된 '명작 에로게'

세계의 전투식량을 먹어보다
전투식량에 관련된 궁금증을 한 권으로 해결

세계장식도 1, 2
공예 미술계 불후의 명작을 농축한 한 권

서양 건축의 역사
서양 건축의 다양한 양식들을 알기 쉽게 해설

세계의 건축
세밀한 선화로 표현한 고품격 건축 일러스트 자료집

지중해가 낳은 천재 건축가 -안토니오 가우디
천재 건축가 가우디의 인생, 그리고 작품

민족의상 1,2
시대가 흘렀음에도 화려하고 기품 있는 색감

중세 유럽의 복장
특색과 문화가 담긴 고품격 유럽 민족의상 자료집

그림과 사진으로 풀어보는 이상한 나라의 앨리스
매혹적인 원더랜드의 논리를 완전 해설

그림과 사진으로 풀어보는 알프스 소녀 하이디
하이디를 통해 살펴보는 19세기 유럽사

영국 귀족의 생활
화려함과 고상함의 이면에 자리 잡은 책임과 무게

요리 도감
부모가 자식에게 조곤조곤 알려주는 요리 조언집

사육 재배 도감
동물과 식물을 스스로 키워보기 위한 알찬 조언

식물은 대단하다
우리 주변의 식물들이 지닌 놀라운 힘

그림과 사진으로 풀어보는 마녀의 약초상자
「약초」라는 키워드로 마녀의 비밀을 추적

초콜릿 세계사
신비의 약이 연인 사이의 선물로 자리 잡기까지

초콜릿어 사전
사랑스러운 일러스트로 보는 초콜릿의 매력

판타지세계 용어사전
세계 각국의 신화, 전설, 역사 속의 용어들을 해설